Friedrich von Thudichum

Glaubensbekenntnisse der Apostel und des Athanasius

Friedrich von Thudichum

Glaubensbekenntnisse der Apostel und des Athanasius

ISBN/EAN: 9783743340008

Hergestellt in Europa, USA, Kanada, Australien, Japan

Cover: Foto ©Lupo / pixelio.de

Friedrich von Thudichum

Glaubensbekenntnisse der Apostel und des Athanasius

Kirchliche Fälschungen.

I.
Glaubensbekenntnisse der Apostel und des Athanasius.

Von

Friedrich Thudichum,
Professor des Kirchenrechts an der Universität Tübingen.

liber delibero.

Stuttgart.
Fr. Frommanns Verlag (E. Hauff)
1898.

Inhalt.

I. **Glaubenssätze der ersten allgemeinen Synode zu Nicäa 325.** Wortlaut deutsch und griechisch. 7. Die Sätze gingen von der Priesterpartei aus und waren gegen die Häretiker, die Protestanten, gerichtet. 7—9. Kaiser Konstantin erzwang ihre Annahme. Verbrennung der Schriften der Arianer. 9—10.

II. **Glaubenssätze der Synode zu Konstantinopel 381.** Gründe des Anwachsens der Priesterpartei. Völlige Herrschaft derselben seit Theodosius d. Gr. 10. Beschlüsse der Synode zu K. gegen zahlreiche häretische Religionsgenossenschaften. 11. Einschaltungen und Zusätze zum Nicänischen Bekenntnis in deutschem, griechischem und lateinischem Wortlaut. 12—16. Bedeutung dieser Neuerungen. Grausame Verfolgung der Gegner des Priesterglaubens durch die Kaiser. Verbrennung der Schriften der Häretiker. 16. Vorlesung des Bekenntnisses von Nicäa-Konstantinopel auf der allgemeinen Synode zu Chalcedon 451. 17. Absingen desselben bei der Messe seit Anfang des 6. Jahrhunderts. 17. Aufnahme in den Krönungseid der oströmischen Kaiser seit 491. 18.

III. **Das sogenannte Bekenntnis der Apostel.** Erzählung über die Art seiner Abfassung. Wortlaut deutsch und lateinisch. 19 u. 80. Die allgemeinen Synoden zu Nicäa, Konstantinopel, Chalcedon wußten Nichts von einem Bekenntnis der Apostel. Dasselbe ist eine Erfindung Roms aus dem 5. 6. oder 7. Jahrhundert. 20. Die Bischöfe von Rom sprachen etwa seit dem Jahre 400 eine Obergewalt über die ganze Christenheit an und bestritten den allgemeinen Synoden das Recht, Glaubenssätze aufzustellen. 20. Darum setzten sie den Synodalbekenntnissen ein angeblich von den Aposteln herrührendes entgegen. 21. Um jene Zeit sind auch Canones, Didaskalia, Constitutiones gefälscht worden. Auch viele dieser gefälschten Canones haben ähnlichen Wortlaut wie die Beschlüsse verschiedener Synoden. 22. Untersuchung der einzelnen Punkte, in welchen das sogen. apostolische Bekenntnis abweicht von dem auf den Synoden zu Nicäa und Konstantinopel beschlossenen. 22. Insbesondere „niedergefahren zu den Unterirdischen". 23. Inhalt des 1. Briefes Petri in dieser Hinsicht. 25 und 68—74. Der Brief Petri beweist Nichts für den Satz des Apostolikums. Worte des Apostels Paulus und von Christus selbst stehen ihm entgegen. 25. Erzählung Tertullians über die Niederfahrt Christi. Auferstehung. 26. Heiliger Geist. 26. Grund der Streichung des Wortes „apostolisch". 27. Das päpstliche sog. apostol. Bekenntnis streicht die Worte „Eine Taufe", um die Aufnahme der Arianer zu erleichtern. Die Fälschung ist daher auf keinen Fall vor dem 5. Jahrhundert gemacht. 27. Gefälschter Kanon VII. der Synode von Konstantinopel. 28. Was ist Gemeinschaft der Heiligen? 29—30 und 74—77. Vergebung der Sünden. 29. Auferstehung des Fleisches. 30.

IV. **Zurückweisung des römischen sog. Bekenntnisses der Apostel durch die allgemeinen Synoden seit 691.** Die griechisch-orientalische Kirche verwirft es bis auf diesen Tag. 32—33.

V. **Hat Isidor von Sevilla das apostolische Glaubensbekenntnis gekannt?** Richtige Lesart der Stelle in den Origines. Gefälschte Lesart im Decretum Gratiani. Anklage gegen Laurentius Valla um's Jahr 1440 und Verteidigung desselben. Gründe für die Richtigkeit der Annahmen Vallas. 33—36.

VI. **Verfälschung einer Stelle im Bekenntnis von Nicäa-Konstantinopel. Auftauchen eines gefälschten Bekenntnisses des Athanasius.** Zeit der Einschiebung des Wortes „filioque". Inhalt und Zweck des Athanasischen Bekenntnisses, von der griech. Kirche verworfen. Bedeutung des „filioque" bei den Verhandlungen mit der griech. Kirche im 15. Jahrhundert. 36—39.

VII. **Kürzere, den Aposteln zugeschriebene Bekenntnisse in der abendländischen, insbesondere der römischen Kirche.** Diese Stücke sind lediglich Werke von Mönchen oder andern Anhängern der Priesterpartei. 40. Die Schriften der Häretiker sind vernichtet. 41. Angebliches Bekenntnis der Apostel bei Irenäus. 42.

Unglaubwürdigkeit seiner Angaben. Die Schrift wahrscheinlich Fälschung des 5. Jahrhunderts. 43. Des Rufinus Expositio Symboli. 44. Widersinnige Behauptungen über bloß mündliche Fortpflanzung des Bekenntnisses der Apostel. 45. Die Schrift rührt nicht von Rufinus her, sondern ist römische Fälschung. 47. Das Bekenntnis der Apostel nicht in Süd-Gallien entstanden. 48.

VIII. **Ablehnung aller Bekenntnisse durch die evangelischen Brüder oder Waldenser des Mittelalters.** Waldenser. 49. Wyclif. 50. Deutsche Theologie. 51. In Böhmen behielten die Utraquisten die Bekenntnisse bei, die Taboriten lehnten sie ab. 51. Laurentius Valla. 52.

IX. **Beurteilung der alten Bekenntnisse seit der Reformation des 16. Jahrhunderts.** Straßburger Druck der Schrift des L. Valla über das Bekenntnis der Apostel von 1522. 52. Die Hessische Kirchenordnung von 1526 läßt alle Bekenntnisse bei Seite, überhaupt alle ältern Kirchenordnungen. 53. Auch die Schwabacher Artikel. 53. Luther nahm 1529 in seinen Katechismus das Bekenntnis der Apostel auf. Uebersetzt ad inferna „Hölle". Verändert willkürlich „katholische" Kirche in „christliche" Kirche. 53. Deutet communio sanctorum als gefälschten Zusatz Dritter. Legt den Sinn der Worte unrichtig aus. 54—55. Eifert gegen „Rotten und Spaltung". 55. Giebt den Worten „Auferstehung des Fleisches" eine abschwächende Deutung. 55. Melanchthons widerspruchvolles Verfahren bei Entwerfung der Augsburgischen Konfession 1530. 56. Die Konfession erwähnt das Athanasische Bekenntnis nicht. 57. Bekenntnis der Vierstädte. 57. Zwingli's. 57. Schwenckfeld. 58. Schrift des Erasmus von 1532 über das „sogenannte" Bekenntnis der Apostel. Freie Aeußerungen des Erasmus. 58—59. Luther gegen Erasmus. 59. Merkwürdige Beschlüsse der 1537 zu Schmalkalden versammelten lutherischen Theologen 60. Luther's Schrift vom Jahre 1538 61. Das Konzil von Trient erklärt 1546 das Bekenntnis des Konzils von Nicäa (richtiger das von Nicäa-Konstantinopel) mit dem gefälschten Zusatz „filioque" für das maßgebende Bekenntnis der Kirche und schweigt vom Bekenntnis der Apostel. 61—63. Aufnahme des Nicänischen Bekenntnisses in die „Professio fidei" von **1564**. 63. Pius V. nimmt dagegen **1566** das Bekenntnis der Apostel in den römischen Katechismus auf. 63. Erklärung der Reformierten in Frankreich **1559**. 63. Konkordienformel von **1577**. 64. Polizeiordnung für zwei Grafschaften Solms von **1603**. 65. Stellungnahme der Täufer **1578** und **1630**. 65. Neue Auflage der Schrift des Erasmus über das „sogenannte" Bekenntnis der Apostel zu Leiden **1641**. Vossius, † **1649**, beweist, daß das Bekenntnis der Apostel und des Athanasius Fälschungen seien. 65—67. Schroech wiederholt dies seit **1768**. 66. Abschaffung der Verpflichtung auf die alten Bekenntnisse seit Ende des **18**. Jahrhunderts. Versuche der Neueinführung zu unserer Zeit. 67.

Anhang I.

Der I. Petrusbrief über Christi Hinabsteigen zu den Geistern im Gefängnis, über die Wasserflut zur Zeit Noahs und über die Taufe. 68—74.

Anhang II.

Die „Gemeinschaft der Heiligen" nach der gefälschten Schrift des Dionysius Areopagita „von der kirchlichen Hierarchie". 74—77.

Anmerkungen

78—86.

I.

Glaubenssätze der ersten allgemeinen Synode zu Nicäa 325.

Im Jahre 325 nach Christus berief der römische Kaiser Konstantin eine Versammlung (Synode) von Bischöfen aus den verschiedenen Teilen des damaligen römischen Reichs nach Nicäa in Kleinasien, um sich an diesen kirchlichen Oberen einen Rückhalt zu schaffen für die Behauptung seiner Herrschaft, die er eben erst durch kriegerische Gewalt und Verbrechen an sich gerissen hatte. Diese Synode faßte verschiedene Beschlüsse über die Kirchenverfassung, stellte aber auch Sätze oder Artikel über den Glauben auf, indem sie alle Diejenigen, welche anders glaubten, für Irrgläubige erklärte. Diese Sätze lauteten:

„Wir glauben an Einen Gott Vater, den allmächtigen, Schöpfer aller sichtbaren und unsichtbaren Dinge. Und an Einen Herrn Jesus Christus, den Sohn Gottes, gezeugt aus dem Vater, einziggezeugt, das heißt aus dem Wesen des Vaters, Gott aus Gott, Licht aus Licht, wahrhaften Gott aus wahrhaftem Gott, gezeugt, nicht geschaffen, einerlei Wesens mit dem Vater, durch welchen alle Dinge entstanden sind, die im Himmel und die auf der Erde; welcher wegen uns Menschen und wegen unseres Heils herabgekommen ist und zu Fleisch geworden und in Menschengestalt lebend, der gelitten hat und am dritten Tag auferstanden ist, und zu den Himmeln hinaufgegangen ist, und zur Rechten des Vaters sitzet, und wieder kommt zu richten die Lebenden und die Toten. Und an den Geist, den heiligen".[1])

Diese Glaubenssätze sind aufgestellt von der Priester=Partei, welche sich im dritten Jahrhundert gebildet und in vielen Provinzen sehr ausgebreitet hatte, welche lehrte, daß das jüdische Priestertum bei den Christen fortgesetzt werde, nur geweihte Bischöfe das Recht hätten den Christen Anweisungen über den Glauben zu geben, die geweihten Priester auch Gott Opfer zu bringen hätten, nämlich den Leib und das Blut Christi. Es war das also eine Partei, welche die Unfehlbarkeit der Bischöfe lehrte und noch jetzt in der griechisch-orientalischen Kirche herrscht, während sie in der römischen der Gewalt des römischen Papstes unterworfen worden ist. Es gab aber zur Zeit dieser Synode überall zahllose Christen, welche diese Anmaßung der Priester und viele ihrer Lehrsätze verwarfen, ihre eigenen Gemeinden, Betsäle, Aeltesten (Presbyter) und Bischöfe hatten, im übrigen aber in ihren religiösen Auffassungen mannigfach auseinandergingen, wie das überall geschieht, wo der Staat keinen Zwang übt, wie die heutigen Zustände in England, Nordamerika und andern Ländern lehren. Eine dieser Religionsparteien waren die „Brüder", die Vorläufer der Waldenser im Mittelalter und der Täufer (Gegner der Kindertaufe) des 16. Jahrhunderts; eine andere erhielt von der Priesterpartei den Namen „Arianer", weil ihr Vorkämpfer damals ein Presbyter zu Alexandria, Arius (Ἀρειός) war. Derselbe soll gelehrt haben: Christus sei von Gott erschaffen worden, habe also einen Anfang genommen; es sei ihm freier Wille zugekommen und damit die Fähigkeit, zwischen gut und böse zu wählen, er habe sich aber für das Gute entschieden; für einen Gott sei er demnach nicht zu erachten. Sicher kann man über die Lehre des Arius nicht urteilen, weil alle seine und seiner Anhänger Schriften verbrannt worden sind.*)

Arius selbst und einige wenige Bischöfe seiner Richtung waren zwar zu der Synode geladen, aber nur zum Schein, um sagen zu können, daß sie gehört und widerlegt worden seien. Die Einladungen waren nämlich alle aus dem kaiserlichen Kabinet ausgegangen, nach einer von dem kaiserlichen Hofbischof Hosius von Cordova (Spanien) getroffenen Auswahl, und es hatten solche überwiegend nur zuverlässige Anhänger der Priesterpartei, daneben auch einige gemäßigtere Bischöfe, die man zu

---

*) Erasmus in seinem 1532 veröffentlichten Katechismus, Catech. 8, gibt an, Arius habe Christo einen menschlichen Leib, aber eine nicht menschliche Seele zugeschrieben und widerlegt diese Auffassung als ein Unding.

gewinnen hoffen konnte, erhalten, vielleicht wesentlich solche, die bisher in den Kämpfen um die Kaisergewalt zu Konstantin gehalten hatten. Die Mehrzahl der Bischöfe, deren Gesamtzahl weit über Tausend betragen hat, war übergangen. Konstantin hatte zwar eine christliche Mutter, er war aber selber noch Heide, ja sogar Oberpriester der heidnischen Priester seines Reichs und mußte schon aus diesem Grund größere Zuneigung zu derjenigen Christenpartei fühlen, an deren Spitze Priester standen und deren Gewinnung durch die Priester wahrscheinlich schien. Dies Vorgehen Konstantins erinnert etwas an dasjenige Napoleons I., der im Jahre 1807 die Rabbiner der Juden aus Frankreich, Italien, Deutschland und der Schweiz zu einem Sanhedrin nach Paris berief, um die europäische Judenschaft unter seinen Einfluß zu bringen.

Das große Wort auf der Synode führte Athanasius, damals erst Diakonus, ein glühender Verehrer des bereits sich gewaltig ausbreitenden Mönchtums; eine Minderheit von Bischöfen widersprach den von ihm verteidigten Sätzen, in welchen Richtungen weiß man nicht, manche vielleicht nur, weil sie Glaubensgesetze nicht für nützlich hielten; aber die Mehrheit nahm die Sätze an, indem sie alle Andersgläubigen mit dem Kirchenbann belegte. Hierauf stellte der Kaiser nach dem Rat seines Hofbischofs das Verlangen an die Minderheit, sich zu unterwerfen, wozu sich die meisten herbeiließen, sodaß im Ganzen 318 „Väter" unterschrieben*); Arius und 2 Bischöfe aus Aegypten blieben fest und wurden vom Kaiser nach Jllyrien in die Verbannung geschickt, vom Kaiser auch befohlen, daß alle Schriften der Arianer verbrannt werden sollten, und wer sie zurückhalte, mit dem Tod zu bestrafen sei, während Athanasius vom Kaiser den damals höchst wichtigen Metropoliten=

---

*) Die Unterwerfung dieser Bischöfe hat zu unserer Zeit, auf dem vatikanischen Konzil im Jahre 1870, ein Gegenstück erhalten. Von sämtlichen in Rom anwesenden 601 Bischöfen und sonstiger Konzilsmitgliedern stimmten am 13. Juli 1870 62 mit placet juxta modum, d. h. mit Vorbehalten, 88 mit einfachem non placet, und vor der Endabstimmung verließen 115 der nicht Einverstandenen Rom, unterwarfen sich aber nachträglich.

Stuhl von Alexandria erhielt. Fünf Jahre später, im Jahre 330 hat Kaiser Konstantin, wiederum aus politischen Gründen, den Arius und seine Anhänger begnadigt.

Uebrigens ist für die Beurteilung aller dieser Vorgänge die wichtige Thatsache im Gedächtnis zu behalten, daß die Zahl der Christen damals noch klein war und nach der Schätzung von vielen Kennern der Geschichte höchstens $^2/_{10}$ der Bevölkerung des Reichs betrug; sie fanden sich vorzugsweise in Kleinasien, Syrien, Aegypten, Griechenland, Nordafrika, erst wenig im Westen, wie denn aus dem Abendland nur 6 Bischöfe in Nicäa erschienen waren, darunter der römische Bischof Silvester vertreten durch zwei Presbyter.

II.
Glaubenssätze der Synode zu Konstantinopel 381.

Die nicänischen Glaubensgebote sind trotz des anfänglichen Sieges der Priesterpartei weder zu Konstantins des Großen Zeit, noch auch unter seinen Söhnen zur Alleinherrschaft gekommen. Konstantius, welcher zuerst von 337—350 mit seinem Bruder Konstans zusammenregierte (der dritte Bruder, Konstantin II., starb schon im Jahre 340), dann aber von 350 bis 361 Alleinherrscher des ganzen römischen Reichs war, wollte von der Priesterpartei gar nichts wissen, teilte vielmehr die Anschauungen des Arius und begünstigte also die Arianer. Dann folgte von 360—363 ebenfalls als Herrscher des Gesamtreichs Julianus, ein heidnischer Philosoph, der die Gesetze gegen die Heiden zurücknahm und Religionsfreiheit gewährte. Im Jahre 364 wurde das Reich wieder geteilt, und das Morgenland erhielt Valens (364—378), ein Arianer, der alle christlichen Richtungen unbehelligt ließ, während im Abendland nunmehr lauter Anhänger des nicänischen, orthodoxen, Glaubens folgten: Valentinian I. (364—375), Valentinian II. (375—392) nebst seinem Bruder Gratianus (375—383). Für die Priesterpartei wurde also auf diese Weise die Hauptstadt des Abendlands, Rom, und sein Bischof der Hauptstützpunkt, und die römischen Bischöfe haben sich dies zu Nutz gemacht und seit dieser Zeit begonnen, den Anspruch auf Beherrschung der ganzen Christenheit zu erheben.

Nach dem Tode des Kaisers Valens (378) wurde auch im Morgenland der Priesterpartei in kurzer Frist zur Alleinherrschaft verholfen, indem nämlich der abendländische Kaiser Valentinian II., selber unfähig das Ostreich gegen die Germanen zu schützen, einen rohen Kriegsmann, Theodosius, dort zum Kaiser einsetzte (379); dieser abergläubische Mensch, dem die Priesterpartei mit dem Schreckgespenst des nahe bevorstehenden Weltgerichts jede Unterschrift zu entlocken verstand, und dem sie den Beinamen „des Großen" beilegte, erließ alsbald die grausamsten Gesetze gegen die Heiden, die Juden und gegen alle Christen, welche das Priestertum entweder völlig oder in seiner äußersten Ausbildung verwarfen, und die jetzt samt und sonders als αἱρετικοί, lateinisch haeretici, bezeichnet wurden, was so viel heißt als „solche, die ihrer eignen Meinung folgen", „Eigensinnige", „Sonderlinge", später in der römischen Kirche „Sektirer", von secta, seit 1529 „Protestanten"; es waren in der That die Protestanten jener Zeit.

Um eine bestimmte Handhabe zu erlangen, wer alles zu den Häretikern zu rechnen sei, berief Theodosius im Jahre 381 die rechtgläubigen Bischöfe des Morgenlands zu einer Synode nach Konstantinopel, und die hier erschienenen 150 „Väter" erklärten in ihrem Canon 1: Der Glaube, über welchen die 318 Väter zu Nicäa übereingekommen seien, dürfe nicht verletzt werden, sondern müsse stet und fest bleiben, und alle Häretiker verdammt werden; als Häretiker zählt sie in Canon 1 und 7 namentlich auf: die Arianer, die Halb-Arianer oder „Gegner des Heiligen Geistes", Sabellianer, „welche lehren, daß Vater und Sohn Eins seien", Eunomianer oder Eudoxianer (was wörtlich bedeutet: die von der guten Ordnung, von der guten Lehre), Katharer (d. i. die Reinen), Marcellianer, Photianer, Novatianer, Apollinaristen, Macedonianer, Sabbatianer. Man sieht, wie zahlreich diese Eigensinnigen waren.[2]) Die Manichäer werden nicht genannt, weil es ein Schimpfname war, oder weil dieser sich noch nicht im Gebrauch befand.

Die Synode machte übrigens selbst eine Anzahl erklärender Einschaltungen in das Nicänische Bekenntnis und fügte einen ausführlichen Schlußsatz hinzu. Jetzt lautete das Bekenntnis folgendermaßen (die Zusätze sind durch größeren Druck kenntlich gemacht):

„Wir glauben an Einen Gott Vater, den allmächtigen, **Schöpfer des Himmels und der Erde**, aller sichtbaren und unsichtbaren Dinge;

Und an Einen Herrn Jesus Christus, den einziggezeugten Sohn Gottes, **vor aller Zeit** aus dem Vater geboren, Gott aus Gott, Licht aus Licht, wahrhaften Gott aus wahrhaftem Gott, gezeugt, nicht geschaffen, einerlei Wesens mit dem Vater, durch welchen alle Dinge entstanden sind; welcher wegen uns Menschen und wegen unseres Heils aus den Himmeln herabgekommen ist und **vom heiligen Geist her aus der Jungfrau Maria** zu Fleisch geworden und in Menschengestalt lebend, **auch unter Pontius Pilatus für uns gekreuzigt worden ist**, gelitten hat **und begraben worden ist**, und am dritten Tage auferstanden ist **gemäß den Schriften**, und zu den Himmeln hinaufgegangen ist und zur Rechten des Vaters sitzet und der wieder kommt **mit Herrlichkeit** zu richten die Lebenden und die Todten; **dessen Reich ohne Ende sein wird.**

Und an den Geist, den heiligen, **den Herrn und Lebendigmacher, welcher aus dem Vater hervorgeht, welcher zusammen mit dem Vater und dem Sohne angebetet und gepriesen wird; welcher durch die Propheten geredet hat.**

An eine heilige, katholische und apostolische Versammlung (ἐκκλησία).

Wir bekennen eine Taufe zur Erlassung der Sünden.

Wir erwarten die Auferstehung der Todten und ein Leben der künftigen Zeit. Amen.³)

Dieses in Konstantinopel erweiterte Nicänische Bekenntnis nennt man am richtigsten „das Nicänisch=Konstantinopolitanische"; vielfach wird es aber auch schlechtweg als das „Nicänische" bezeichnet, aus Berechnung, sowohl um es um ein halbes

Jahrhundert älter erscheinen zu lassen, als auch, weil die Synode zu Konstantinopel gar keine allgemeine war, sondern nur eine solche des Morgenlandes, zudem eine sehr schwach besuchte und erst späterhin als allgemeine anerkannt worden ist. Man beschönigte den falschen Sprachgebrauch mit der Behauptung: die in Konstantinopel beschlossenen Zusätze, enthielten nichts Neues sondern nur Erläuterungen der Nicänischen Beschlüsse. Allein sie sind allerdings sehr neu und von allergrößter Wichtigkeit.

1. Zu Nicäa hatten die Bischöfe beschlossen, Christus sei "gezeugt aus dem Vater", "gezeugt nicht geschaffen", nicht gemacht, Ausdrücke, die menschlichen Begriffen von Abstammung entlehnt sind und zu allen Zeiten Millionen von Menschen den höchsten Anstoß erregt haben, einmal als der Größe und Heiligkeit Gottes unwürdig und sodann als eine Art von Vielgötterei in sich schließend. Auch heutzutage zittert Manchem vor tiefster Bekümmernis die Hand, wenn er solche unheilige Ausbrücke notgedrungen wiedergeben muß, unverändert der Wahrheit gemäß und nicht wie gewöhnlich in deutschen Uebersetzungen wahrheitswidrig abgeschwächt in "geboren", was freilich auch noch kläglich menschlich genug lautet. Unter den zu Nicäa versammelten Bischöfen haben sich sicherlich nicht viele Juden-Christen befunden, die hätten den Satz niemals unterschrieben; diese Bischöfe waren vielmehr aus früher heidnischen Kreisen hervorgegangen und es hingen ihrem Christentum noch die griechisch-römischen Vorstellungen von der Erzeugung von Göttern durch Kronos oder Zeus an. Das macht auch allein den Beisatz erklärlich, daß Christus der "einzigerzeugte" Sohn Gottes sei, womit gesagt sein soll, daß Gott nicht mehrere Söhne gezeugt habe. Der Beiname "einziggezeugter Sohn Gottes" für Christus kommt in keiner echten Schrift des Neuen Testaments vor[4]), und namentlich hat sich Christus selbst nie so bezeichnet.

Allmählich sah die Priesterpartei ein, daß die zu Nicäa gegebene Erklärung recht bedenklich sei, nach Heidentum schmecke, und sie fügte nun auf der Synode zu Konstantinopel die Worte ein: "vor aller Zeit" (ante omnia saecula) aus dem Vater geboren; allein damit ist die Thatsache der Geburt, der Zeugung, die zur Entstehung des Gottes als notwendig hingestellt wird, und die in den beibehaltenen Worten „gezeugt, nicht geschaffen" sehr entschieden betont ist, — diese Thatsache ist nur in nebelhafte Ferne gerückt, aber als irgend einmal eingetreten festgehalten. Das beweist auch der beibehaltene Ausdruck „Sohn". Sobald man behauptet, Gott Vater und Gott Sohn sind beide nebeneinander von Ewigkeit vorhanden gewesen, so verliert der Ausdruck „Sohn" jeden Sinn. Mit ihrem Zusatz „vor aller Zeit" haben die zu Konstantinopel tagenden Bischöfe der Priesterpartei Nichts gebessert, sondern den menschlichen Verstand in einen Schraubenstock geklemmt.

2. Die Art der Menschwerdung Christi, über welche die Bischöfe zu Nicäa noch nichts Näheres zu sagen wußten, wird jetzt genau bezeichnet; sie soll nicht durch Gott, sondern durch den heiligen Geist, den die Bischöfe zu Konstantinopel ja nunmehr zum dritten Gott erhoben (vgl. Nr. 5) und durch eine Jungfrau geschehen sein; das wird nunmehr Glaubenssatz. Zur Aufstellung dieses Satzes wurden die Bischöfe offenbar bewogen durch die Erzählung im Evangelium des Lukas 1, 35, welches sich also jetzt in Umlauf befand, wonach der Engel der Maria eine entsprechende Mitteilung machte.

Erasmus fand es im Jahre 1532 nicht einleuchtend, daß die Menschwerdung Christi nur ein Werk des Heiligen Geistes gewesen sei; man dürfe sie vielmehr der Dreieinigkeit Gottes, Vater, Sohn und Heiligem Geist zusammen zuschreiben; vielfach werde unter der einen oder anderen besonderen Bezeichnung doch das Ganze verstanden. (Catochesis 3).

3. Dem Satz, daß Christus am dritten Tage auferstanden sei, sind nunmehr die Worte beigefügt „nach den Schriften" oder „gemäß den Schriften" (secundum scripturas). Hierunter sind die Schriften des Alten Testaments gemeint, in welchen die Auferstehung Christi geweissagt sein sollte. Nach der Erzählung in der Apostelgeschichte 2, 31 fand der Apostel Petrus eine solche Weissagung in einem Psalm Davids. Im 1. Brief Pauli an die Korinther 15, 3 und 4 heißt es ebenfalls: Christus

sei gestorben und am dritten Tag auferstanden „nach den Schriften".

4. Die Worte „dessen Reich ohne Ende sein wird" sind ebenfalls aus der Anrede des Engels an Maria bei Lukas 1, 33 entnommen.

5. Der Heilige Geist wird durch den Beschluß von Konstantinopel zum Gegenstand der Anbetung, also zu einer besonderen Gottheit erhoben, wozu auch eine erhebliche Notwendigkeit vorlag, wenn die Menschwerdung Christi durch Vermittlung des heiligen Geistes vor sich gegangen ist. Um ihn Christo gleichzustellen, wird er jetzt wie Christus ebenfalls „Herr", κύριος, genannt, und „Lebendigmacher" und es wird hervorgehoben, daß er gerade so wie der Sohn vom Vater ausgehe. Letztere Lehre stimmt mit dem Evang. Johannes 14, 26 und 15, 26.

6. Es giebt nur eine einzige heilige allgemeine (katholische) apostolische Versammlung. Der griechische Urtext hat ἐκκλησία, woraus das Lateinische ecclesia entstand, und das bedeutet Versammlung, etwa auch Gemeinde. Im Deutschen darf dies nicht mit „Kirche" übersetzt werden; denn Kirche, vom griechischen κυριακή, Haus des Herrn (κύριος), ist seit dem 5. Jahrhundert in Deutschland und einigen anderen nordischen Ländern (nicht in romanischen) der Name für das Bethaus, Gotteshaus gewesen und erst späterhin für das Lateinische ecclesia gebraucht worden, mit völliger Verwischung der Wortbedeutung von ἐκκλησία.

Was die zu Konstantinopel im Jahre 381 versammelten Bischöfe unter der „heiligen allgemeinen apostolischen Versammlung" verstanden haben, ist weltkundig. Sie nannten sich die Heiligen, ἱεροί, woher ihre Herrschaft „Hierarchie" heißt, ihre Versammlungen oder Synoden nannten sie „heilige Synoden"; die Bischöfe, lehrten sie, seien die von den Aposteln eingesetzten Oberhirten über die Christen, die Nachfolger der Apostel und also die Versammlung der Bischöfe eine von den Aposteln herrührende Einrichtung. In der ganzen Christenheit darf und kann es nur Eine solche Versammlung geben; wer ihr nicht gehorchen will, ist Häretiker, ein sich gegen Gott und den Kaiser

Auflehnender, den das ewige Feuer verzehren wird und den laut der bereits erlassenen oder noch zu erlassenden kaiserlichen Gesetze Verbannung oder Tod und immer dazu Einziehung des Vermögens treffen soll.

Wenn es in den Beschlüssen der Synode von Nicäa am Ende heißt: „Diejenigen aber, welche so und so sagen, verdammt die katholische und apostolische Ecclesia", so wird Jedermann zugestehen, daß diese Ecclesia Niemand anders als die Bischöfe sein können. Dasselbe erklärte das Konzil zu Konstanz im Jahre 1415 mit dem Beschluß: „Das allgemeine Konzilium vertritt die Gesamtheit der streitenden Kirche, welche ihre Gewalt unmittelbar von Christus erhalten hat".

7. Es gibt nur Eine Taufe, die die wahre und wirksame ist. Das stimmt zu Paulus Brief an die Epheser 4, 5: „Ein Herr, Ein Glaube, Eine Taufe". Die wahre Taufe ist natürlich die von der Priesterpartei angenommene und geübte, alle anderen sind ungültig. Die wahre Taufe bewirkt Vergebung der Sünden, ohne daß es auf den Glauben des Getauften selbst ankommt, ebenfalls eine schwerwiegende Neuerung, weil man jetzt angefangen hatte, auch die kleinsten Kinder zu taufen, und die Kaiser diese Kindertaufe vorschrieben.

Ueber die Form der Taufe hat sich die Synode von Konstantinopel im Einzelnen nicht geäußert, sondern nur die eine, freilich außerordentlich wichtige Vorschrift gegeben, daß ihr die Austreibung des Teufels vorangehen müsse.

Dieses neue zu Konstantinopel im Jahre 381 beschlossene Bekenntnis wurde von Kaiser Theodosius I. zum Staatsgesetz erklärt und alle ihm Widerstrebenden mit den härtesten Strafen, Verbannung, Tod, Vermögenseinziehung, bedroht. Die Synode konnte sich der Erwartung hingeben, daß solche Gefahren zahlreiche Häretiker bewegen würden, ihre Aufnahme in die heilige katholische apostolische Kirche zu begehren, und sie verfügte daher: Bedingung der Aufnahme sei, daß die Häretiker ihre Bücher ablieferten (!), ihre Irrtümer verdammten und sich dann mit dem heiligen Chrysam (Oel und Balsam) auf Stirn, Augen, Nase, Mund, Ohren zeichnen ließen.

Die Bücher, welche an die Bischöfe abgeliefert und natürlich verbrannt wurden, waren nicht vorzugsweise Streitschriften, sondern religiöse Lehrbücher für Alt und Jung, sodann namentlich Evangelien und Briefe, die anders lauteten als diejenigen der Priesterkirche. Das Aufspüren und Vernichten dieser Quellen ist noch Jahrhunderte lang fortgesetzt worden, und es ist den Priestern geglückt, die ihnen unbequemen Berichte vollständig aus der Welt zu schaffen. Wieviele Evangelien hierbei zu Grunde gingen, erhellt aus dem Schicksal der Evangelien-Harmonie des Tatianus und seines Ueberarbeiters Ammonius: in der Diözese Cyrus in Antiochien verbrannte der Bischof Theodoret († 457) 200 solche Bibeln und in der benachbarten Diözese Edessa der Bischof Rabulas um dieselbe Zeit ebenfalls eine große Zahl. Es ist nicht ein einziges Exemplar davon übrig geblieben; denn daß die im 8. Jahrhundert vom Papst nach Fulda geschenkte lateinische Evangelien-Harmonie diejenige des Tatianus sei, kann nur glauben, wer in den Inhalt derselben und in die Künste Roms nicht eingeweiht ist.

Wenn es auch trotz aller Strenge der Gesetze immer und zu allen Zeiten noch Häretiker gegeben hat, welche sich den Beschlüssen der Synoden nicht fügten, so mußten jedenfalls alle Bischöfe und Priester der orthodoxen Kirche sie annehmen und befolgen; dafür sorgten die oströmischen und die weströmischen Kaiser; und die Bischöfe haben sie auch allgemein angenommen und befolgt. Auf der allgemeinen Synode, welche sich im Jahre 451 zu Chalcedon in Kleinasien versammelte, wurde das Nicänisch-Konstantinopolitanische Bekenntnis zweimal, in der zweiten und fünften Sitzung, vorgelesen und bestätigt.

Im Jahre 511 schrieb der Patriarch von Konstantinopel vor, daß es bei der Messe, bei der jetzt allgemein gewordenen Opferung des Leibes und Blutes Christi durch den Priester hergesagt oder hergesungen werde[5]), und dieselbe Vorschrift erging im Abendland, ohne Zweifel durch den Bischof von Rom und die damals noch unabhängigen Bischöfe von Mailand und Aquileja, wenn man auch die Namen und Zeiten nicht genau weiß; die entscheidende Thatsache ist, daß das Bekenntnis unter dem ungenauen Namen „Nicänisches" Bekenntnis in der abendländischen Kirche, insbesondere auch in Rom selbst bei der Messe auch durch das ganze Mittelalter hindurch in Uebung war und bis auf diesen Tag in Uebung geblieben ist.⁶) Mögen auch einzelne abgelegene kleine Landstriche es vielleicht nicht angewendet haben; das stößt die Regel nicht um.

Die Kaiser des oströmischen Reiches mußten seit dem Jahre 491 das Nicänisch-Konstantinopolitanische Bekenntnis bei ihrer Krönung beschwören, und die Einführung dieses Eides wird folgendermaßen erzählt: Als bei der Thronbesteigung des Kaisers Anastasius I. im Jahre 491 an den Patriarchen von Konstantinopel, Euphemius, das Ansinnen gestellt wurde, den Kaiser zu salben und zu krönen, weigerte er sich dessen, weil es hieß und Vielen glaubhaft erschien, daß Anastasius der Sekte der Manichäer angehöre. Auf die vom Senat angewendeten handgreiflichen Drohungen hin verstand sich der Patriarch endlich dazu, aber nur unter der Bedingung, daß Anastasius zuvor das ihm schriftlich vorgelegte Glaubensbekenntnis eigenhändig unterschreibe und sich in Gemäßheit desselben zu den Beschlüssen der Synode von Chalcedon bekenne, auch eidlich verspreche, es künftig zu beobachten und in die heilige Kirche Gottes nichts Neues einzuführen.⁷)

Im Jahre 545 verfügte sodann Kaiser Justinian in Novelle 131 Kap. 1: „Wir bestimmen, daß die heiligen kirchlichen Regeln, welche von den heiligen vier Konzilien aufgestellt oder bestätigt worden sind, die Kraft von Gesetzen haben sollen, nämlich die der 318 heiligen Väter zu Nicäa, und der 150 zu Konstantinopel, und die des ersten [Konzils] zu Ephesus, auf welchem Nestorius verurteilt worden ist, und desjenigen zu Chalcedon, auf welchem Eutyches mit dem Nestorius verdammt worden ist. Denn wir nehmen die Lehrsätze der vier Synoden an so wie die heiligen Schriften, und befolgen ihre Regeln so wie Gesetze."

III.
Das sog. Bekenntnis der Apostel.

Erst lange Zeit nach den eben besprochenen beiden allgemeinen Synoden taucht im Abendland ein Bekenntnis auf, welches den Namen Bekenntnis der Apostel (Symbolum Apostolorum) trägt, und bei aller Aehnlichkeit mit den Glaubensbefehlen der Synoden eine Sache eigner Art ist. Ob es zuerst im 5. oder 6. oder 7. Jahrhundert zum Vorschein gekommen sei, läßt sich ganz sicher nicht entscheiden und ist in der Hauptsache gleichgültig.

Um glaubhaft zu machen, daß dieses neue Bekenntnis von den Aposteln herrühre, wurde folgende Erzählung in Umlauf gesetzt: Die Apostel hätten eine Versammlung, ein Konzil, gehalten, der heilige Geist sei dabei über sie gekommen und sie hätten nun das Glaubensbekenntnis ausgesprochen und jeder Apostel einen Satz dazu geliefert:

Petrus sprach: „Ich glaube an Gott, den allmächtigen Vater, den Schöpfer Himmels und der Erde

Andreas: und an Jesus Christus, seinen einzigen Sohn, unseren Herrn,

Jakobus: der empfangen ist vom heiligen Geist, geboren aus Maria der Jungfrau,

Johannes: gelitten unter Pontius Pilatus, gekreuzigt, gestorben und begraben,

Thomas: niedergefahren in das Unterirdische, am dritten Tage auferstanden von den Toten,

Jakobus: aufgefahren gen Himmel, sitzet zur Rechten Gottes, des allmächtigen Vaters,

Philippus: von dannen er kommen wird zu richten die Lebenden und die Toten.

Bartholomäus: Ich glaube an den heiligen Geist,

Matthäus: an die heilige katholische Kirche, an die Gemeinschaft der Heiligen,

Simon: Vergebung der Sünden,

Thaddäus: Auferstehung des Fleisches,

Matthias: Ewiges Leben!"*)

Dieses Bekenntnis weicht fast in jedem Satz von dem zu Nicäa-Konstantinopel beschlossenen ab, läßt einzelne Worte und ganze Sätze weg und schiebt neue Sätze ein.

Zunächst ist mit allem Nachdruck zu betonen, daß keine einzige von den oben genannten allgemeinen Synoden, auch die von Chalcedon im Jahre 451 nicht, von einem durch die zwölf Apostel gemeinsam aufgestellten Bekenntnis das Geringste gewußt hat; keine einzige nimmt auf ein solches Werk der Apostel Bezug; und der Inhalt der Synobalbeschlüsse beweist es unwiderleglich. Das Bekenntnis von Nicäa ist nur halb so lang als das sog. apostolische; wie hätten denn die zu Nicäa versammelten Bischöfe sich herausnehmen können, eine Urkunde der Apostel zu verstümmeln, und ihren Stummel als ihr eignes Werk hinzustellen? Das Bekenntnis von Konstantinopel 381 ist umgekehrt länger als das sog. apostolische; es erhebt aber auch gar nicht den Anspruch, von den Aposteln überliefert zu sein, und gibt dies unwiderleglich dadurch zu erkennen, daß es von einer „einigen, heiligen, katholischen und apostolischen Kirche" redet; denn die Apostel selbst konnten unmöglich die Kirche Christi als eine „apostolische" bezeichnet haben.

Wenn der Bischof von Rom und seine abendländischen Untergebenen damals ein Bekenntnis besaßen, welches von den Aposteln selbst herrührte, warum haben sie dies nicht auf den Synoden vorgebracht und gegen das Abweichen davon Verwahrung eingelegt? Sie haben es nicht gethan, sondern die Beschlüsse von Nicäa-Konstantinopel im ganzen 4. und 5. Jahrhundert anerkannt, also von Aposteln nicht mehr besessen, als die orientalischen Christen auch.

Das apostolische Glaubensbekenntnis ist eine Erfindung Roms aus dem 5. und 6. Jahrhundert und zwar aus folgenden Gründen:

Zu Ende des vierten Jahrhunderts begannen die Bischöfe oder Päpste von Rom den Lehrsatz aufzustellen, daß Christus dem Apostel Petrus, oder auch den Aposteln Petrus und Paulus die Gewalt übertragen habe, die Kirche zu regieren, und daß durch diese Apostel die oberste Gewalt auf die jeweiligen Bischöfe von Rom übertragen worden sei. So sprachen es zuerst die Päpste Damasus I. (367—385) und Siricius (385—398) aus[9]), und bereits Leo I. (440—461), den die römische Kirche den „Großen" nennt, verstand die Kunst, diesem Anspruch wenigstens im Abendland Nachdruck zu verleihen; er bewog den Schattenkaiser Valentinian III. durch ein kaiserliches Gesetz vom 6. Juni 445 zu bestimmen, daß dem römischen Bischof die oberste gesetzgebende und richterliche Gewalt über die ganze Christenheit zukomme und er bewährte diese Obergewalt im Jahre 453 durch die That, indem er einen Beschluß der allgemeinen Bischofssynode von Chalcedon vom Jahre 451 für ungültig erklärte.[10])

Nun hatten aber doch bisher die allgemeinen Synoden zu Nicäa und zu Konstantinopel die oberste Gesetzgebung ausgeübt; ihre Gewalt war vom Kaiser Konstantin und seinen Nachfolgern feierlich anerkannt worden und die Vorstellung von ihrer Oberhoheit war dem rechtgläubigen Klerus geläufig geworden, ja völlig festgewurzelt; wie wollte man diese Thatsache aus dem Weg räumen?

Die Päpste wußten ein Mittel: sie fälschten ein dem Nicänisch-Konstantinopolitanischen ähnliches Glaubensbekenntnis und gaben es für ein Werk der 12 Apostel aus. Wenn bereits die Apostel das Bekenntnis längst festgestellt hatten, so enthielten die Beschlüsse der Synoden nichts Neues, es ließ sich daraus keine gesetzgebende Gewalt der Synoden folgern.

Gerade um der Fälschung den Anstrich einer eigenen Fassung zu geben, mußte sie in etlichen Wendungen anders lauten als das Nicänisch-Konstantinopolitanische Bekenntnis.

Erst in viel späteren Jahrhunderten sind die Päpste auf andere Einfälle gekommen, die Gewalt der allgemeinen Synoden zu bestreiten, indem sie nämlich behaupteten: alle allgemeinen Synoden seien von den Päpsten oder mit ihrer Zustimmung berufen worden, und die Beschlüsse derselben hätten nur durch die päpstliche Bestätigung Geltung erhalten.[11]) So etwas konnte man seit dem 9. Jahrhundert mit einigem Schein und Glück behaupten, im 4., 5. und 6. Jahrhundert wäre man damit ausgelacht worden.

Uebrigens wird sich unten zeigen, daß bei der Aufstellung dieses neuen sog. apostolischen Bekenntnisses weitere sehr wichtige Zwecke obwalteten, die sich nur erreichen ließen, wenn man die Verbindlichkeit der Synodal=Beschlüsse erst über Seite geräumt hatte.

Das apostolische Glaubensbekenntnis ist also eine fein berechnete Fälschung Roms, wenn nicht der Päpste selbst, doch ihrer Ratgeber.

Fälschung! Welch grobe Anklage! Ja wohl, eine grobe Anklage. Aber wäre denn das die einzige Fälschung, deren sich Rom und die übrigen Bischöfe des 4.—6. Jahrhunderts schuldig gemacht haben? Leider fehlt den meisten Protestanten die volle Kenntnis von den 'ganz unglaublichen Betrügereien jener Zeit; sie wissen kein Wort davon, daß auch noch 84 sog. „Regeln der Apostel", Canones Apostolorum, ein Buch „Lehren der Apostel" und ganze acht Bücher „Gesetze der Apostel" (Constitutiones Apostolorum) gefälscht worden sind, die Jahrhunderte hindurch als wirklich von den Aposteln herrührend angesehen und angewendet worden sind. Allmählich erkannte man ihre Fälschung; aber die griechische und die römische Kirche halten sie doch noch an einem Zipfel fest, da sie gar schön verwertbar sind für die Priesterherrlichkeit; die Protestanten haben sie fallen gelassen, aber — sie klammern sich noch an das letzte Fälschungsstück an, ohne zu überlegen, daß schon die übrigen genannten Fälschungen vor solcher Gutgläubigkeit warnen sollten.

Es muß hierbei noch auf die Thatsache hingewiesen werden, daß auch eine ganze Anzahl von den gefälschten. Canones Apostolorum fast wörtlich den Beschlüssen von allgemeinen und kleineren Synoden, nämlich derjenigen von Nicäa, Antiochia, Laodicea, Ephesus, Chalcedon entlehnt ist[12]), ohne Zweifel mit der gleichen Absicht, die bei der Fälschung des apostolischen Glaubensbekenntnisses obwaltete.

Wir müssen gleich hier die wichtigsten Aenderungen, welche das päpstliche Bekenntnis an dem Synodal=Bekenntnis von Nicäa=Konstantinopel vorgenommen hat, näher in's Auge fassen, um auch noch die besonderen Zwecke, welche bei den einzelnen Aenderungen verfolgt worden sind, genauer zu erkennen.

1. Die Sätze über das Wesen des Sohnes Gottes sind erheblich vereinfacht; statt der Worte: „und an Einen Herrn Jesus Christus, den einzigerzeugten Sohn Gottes, vor aller Zeit aus dem Vater geboren", heißt es nun kurz: „und an Jesus Christus, seinen einzigen Sohn"; der anstößige Begriff „gezeugt" ist beseitigt, und ebenso die Behauptung, daß Christus „vor aller Zeit" aus dem Vater geboren sei; das braucht man also nicht zu glauben. Weiter sind die Worte: „seinen einzigen Sohn" in unmittelbare Verbindung gebracht mit dem Satz: „der empfangen ist vom heiligen Geist, geboren aus Maria der Jungfrau," eine Aenderung von wichtiger Bedeutung. Die Worte des Nicänisch-Konstantinopolitanischen Bekenntnisses „welcher wegen uns Menschen aus den Himmeln herabgekommen ist" wirft der Papst hinaus, mit gutem Grund, da sie gar nicht mehr paßten, sobald man in Konstantinopel die weiteren Worte: „vom heiligen Geist her aus der Jungfrau Maria zu Fleisch geworden" eingeschoben hatte.

2. Neu eingefügt ist vom Papst, daß Christus „gestorben" sei. Der Zweck dieser Einfügung ergiebt sich aus der gleich darauf folgenden.

3. Eingefügt ist ferner: „niedergefahren ‚zu den Unterirdischen'" (ad inferos) oder nach andern Handschriften „in's Unterirdische" (ad inferna). Dieser Zusatz verdient eine besonders sorgfältige Beachtung.

Vor allen Dingen setzt er die Anschauung voraus, daß sich unter der Erdoberfläche, in der Tiefe ein Raum befinde, wo sich Wesen unbestimmter Art aufhalten. Verstehen läßt sich dies nur mit Zuhülfenahme der Vorstellungen verschiedener alter Völker hierüber. Die Griechen und Römer glaubten, daß der Tod Leib und Seele trenne, und die Seelen der Gestorbenen in die Unterwelt, ᾅδης, Hades, führen [18]), allerdings zusammen mit einem schattenhaften Leib, ohne Blut, der aber doch auf der Reise nach der Unterwelt ein klein wenig Speise bedurfte, daher man zwei Eier und ein Fläschchen Wein mit

in's Grab gab; unten angekommen, wurden sie von dem Fähr=
mann Charon über den Fluß Acheron übergesetzt, gegen
eine kleine Gebühr, einen Obolus, den man daher den
Toten auch mit in's Grab gab. Die vielen in neuern Zeiten
geöffneten Römergräber, z. B. die auf dem Wormser Totenfeld,
geben hierüber genauesten Aufschluß. Ebenso findet sich bei
den Germanen die Vorstellung von einem Aufenthalt der Toten
im Reiche der Todesgöttin Hel, also der Helle, oder wie man
seit dem 17. Jahrhundert schreibt, der Hölle. Die Juden zur
Zeit Christi, wenigstens die Pharisäer, nahmen ebenfalls an,
daß Seele und Schattenleib der Menschen in „die Scheol"
kämen, als vorläufigen Aufenthalt, bis zu einer späteren Ver=
geltung von gut und böse; so meinen heutzutage die Gelehrten.

Die kurzen Worte „niedergefahren zu den Unterirdischen"
lassen völlig im Dunkel, ob man glauben soll, Christus sei mit
seinem menschlichen Leib, der freilich gestorben war, in die
Unterwelt gefahren, oder bloß mit seiner Seele; das Erstere
wäre ja ebenso denkbar wie die Himmelfahrt des menschlichen
Leibes; aber näher liegt doch die Annahme, der Leichnam
Christi sei im Grab geblieben und nur Christi Seele hinab=
gefahren.

Ein Zweck dieser Hinabfahrt wird im Bekenntnis eben=
falls nicht angegeben, und an sich, ohne Zuhülfenahme anderer
Nachrichten, würde man zu der Annahme gelangen können:
Christi Seele samt einem Schattenleib ist denselben Weg ge=
gangen wie alle andern Menschen nach dem Tode; er ist auch
in dieser Hinsicht wahrer Mensch gewesen, und es finden da=
durch diejenigen christlichen Lehrer, deren es auch gab, welche
Christo nur einen Scheinleib zuschrieben, ihre Widerlegung.
Um so großartiger gestaltet sich dann auch seine Auferstehung;
während die Seelen und Schattenleiber der Menschen in der
Unterwelt bleiben, kehrt Christus wieder zur Oberwelt zurück
und steigt mit dem schon in Verwesung übergegangen gewesenen
Leib lebendig aus dem Grabe. Erasmus in seiner 1532 ver=
faßten Schrift, von der noch später die Rede sein wird, legte
die Stelle wenigstens halbwegs so aus, indem er anführt „iro

ad inferos" habe im Altertum häufig nicht mehr geheißen als "sterben", "in den Tod, in die Grube gehn".

Jedem Römer, Griechen, Germanen, Gallen oder Kelten konnte die Niederfahrt der Seele Christi in den Hades nur einleuchten; das Gegenteil, daß sich die göttliche Seele Christi während der drei Tage, da der Leib in Verwesung im Grab ruhte, ebenfalls in dem Grab eingeschlossen befunden habe, widerstrebte den herrschenden Vorstellungen völlig.

Von den vier Evangelien, die doch sonst Alles erzählen, was die Apostel von Christus vernommen haben, thut kein einziges dieser Niederfahrt Christi Erwähnung; dafür aber macht der Apostel Petrus ganz unzweideutige Angaben darüber, nämlich in seinem I. Brief, Kap. 3, 17—22 und Kap. 4, 4—6.

Um die Darstellung nicht zu unterbrechen sind die Ausführungen über den Petrusbrief in den I. Anhang verwiesen. Römische Ausleger finden eine Hindeutung auf die Niederfahrt Christi in die Unterwelt auch im Brief Pauli an die Epheser 4, 8—10, und wenn man richtig übersetzt, wie die lateinische Vulgata und Luther thun, hat es damit seine Richtigkeit. Freilich schweigt derselbe Paulus an einer andern Stelle, im I. Brief an die Korinther 15, 3 und 4 auffallender Weise davon; unter Berufung auf eine höhere Eingebung stellt er als die zu glaubenden Thatsachen hin: "daß Christus gestorben sei, begraben und auferstanden am dritten Tage"; von der Niederfahrt in's Unterirdische war ihm also Nichts offenbart.

Von den Aposteln kann man übrigens mit Fug und Recht an Christum selbst appellieren, der, als er am Kreuze hing, zu dem reuigen Sünder die Worte sprach: "Wahrlich, ich sage Dir, heute wirst Du mit mir im Paradiese sein". Mag man sich unter dem Paradiese denken, was man will, die Unterwelt kann damit nicht gemeint sein.

Dem karthagischen Priester und Schriftsteller Tertullianus († 220), wird eine Schrift "über die Seele" zugeschrieben, worin er vorträgt: Christus sei, ehe er in den Himmel fuhr, in das Unterirdische hinabgestiegen (in inferiora terrarum, kurz vorher apud inferos), um sich daselbst den Patriarchen (Abraham, Isaak und Jakob) und den Propheten mitzuteilen; man dürfe daher nicht zweifeln, daß die Seelen (!) der Gläubigen sich bis zur Auferstehung an einem unterirdischen Orte aufhielten, wo sie bereits eine gewisse Freude genössen; sie seien hier in Abrahams Schooß. Die Seelen der Gottlosen litten daselbst schon den Anfang ihrer Strafen[1]). Diese Angabe steht in schroffem Widerspruch mit dem Brief Petri, den Tertullianus nicht gekannt haben muß. Wer den Brief Petri für echt hält, kann der Angabe Tertullians keinen Glauben schenken; und woher soll denn dieser Tertullianus allein von allen Christen im zweiten Jahrhundert so genaue Kunde von der Niederfahrt Christi erhalten haben? Die allgemeinen Synoden von 325, 381, 451 wußten kein Wort davon. Uebrigens darf man kühnlich behaupten: dem Tertullianus werden aus Berechnung gar viele Schriften zugeschrieben, an denen er ganz unschuldig ist, die in Wirklichkeit erst Jahrhunderte nach ihm fabriziert worden sind.

4. Den in Konstantinopel zu den Worten „am dritten Tage auferstanden" beschlossenen Zusatz: „gemäß den Schriften" hat der Papst herausgeworfen, mit scharfer Ueberlegung. Das von ihm herausgegebene Bekenntnis sollte ja von den Aposteln selbst herrühren; die Thatsache, daß Christus auferstanden sei, wußten die Apostel aus eigener Erfahrung; sie brauchten sich dafür nicht auf Prophezeiungen im Alten Testament zu berufen, das würde ihr Zeugnis nur abgeschwächt haben.

5. „Ich glaube an den heiligen Geist" lautet das päpstliche Bekenntnis kurz; die in Konstantinopel beschlossenen Sätze: daß der heilige Geist aus dem Vater hervorgehe, daß er angebetet werden müsse, läßt der Papst weg, wir werden unten sehen, daß er wenigstens den ersten in der Folge ausdrücklich verworfen hat; auch den Satz „welcher durch die Propheten geredet hat" läßt er weg, aus gutem Grund; dem Papst erschien das viel zu eng; nach seiner Meinung hat der heilige Geist auch durch die Erzväter, durch Melchisedek, durch Moses

---

[1]) Schroeckh, Christl. Kirchengesch. 3, 410, 1772.

und andere Juden, wie David, Salomo und Andere geredet, ist das ganze Alte Testament vom heiligen Geist eingegeben.

6. Zu Konstantinopel war beschlossen worden: „Wir glauben eine einzige heilige allgemeine (katholische) und apostolische Versammlung; Wir bekennen Eine Taufe zur Erlassung der Sünden"; der Papst änderte: „Ich glaube an die heilige allgemeine Versammlung, Gemeinschaft der Heiligen, Vergebung der Sünden". Das sind vier Aenderungen von der allergrößten Bedeutung, die mit einander in engster Beziehung stehen.

a) Das Wort „eine einzige", unam, strich der Papst und machte den Gedanken dadurch bestimmter.

b) Ebenso warf er das Wort „apostolisch" heraus, weil sein Bekenntnis ja von den Aposteln selbst herrühren sollte und diesen doch nicht einfallen konnte, die Versammlung der Christen eine „apostolische" zu nennen. (Vgl. schon oben S. 20.) Sonst wahrlich trägt der römische Stuhl keine Abneigung, seine ecclesia, die römische, als die apostolische zu bezeichnen, verlangt im Gegenteil diesen Ehrentitel für dieselbe.

c. Die Worte „eine einzige Taufe" strich der Papst ebenfalls. Während also die Priester-Synode zu Konstantinopel im J. 381 es für einen Glaubenssatz erklärt hatte, daß nur eine Art von Taufe die rechte, die wirksame sei und darunter vermutlich die auf den „Vater, Sohn und heiligen Geist" lautende und mit der Austreibung des Teufels beginnende gemeint hat, erklärt der Papst diese Einheit nicht für wesentlich. Warum das? Man könnte versucht sein anzunehmen: weil in der Apostelgeschichte berichtet wird, daß der Apostel Petrus bloß „auf Christus" getauft hat und in den Briefen Pauli von einer Taufe „auf den Tod Christi" die Rede ist, verschiedene Formen also überliefert sind. Allein diese Erklärung reicht nicht aus, da es nicht lange gedauert hat, bis der Papst, trotz dieser Bibelstellen, die Taufe auf „Vater, Sohn und heiligen Geist" für unbedingt notwendig erklärt hat. Der Grund muß also ein anderer gewesen sein, und es war, behaupte ich, folgender: Im 5.—7. Jahrhundert gingen die Päpste darauf aus, die Germanen, welche Arianer waren und bisher keineswegs auf Vater, Sohn und heiligen Geist getauft hatten, zum Übertritt zur orthodoxen Kirche zu vermögen; ein Ansinnen, sich beim Übertritt noch einmal taufen zu lassen, würden die Arianer sicherlich abgelehnt, auch ihrer schon verstorbenen auf arianische Art getauften Vorfahren wegen nicht zugegeben haben, daß sie ungetauft verstorben und also — nach der orthodoxen Lehre — auf ewig verdammt seien; so etwas ließen sie sich eben nicht bieten und die Päpste, die immer bessere Politiker zu sein pflegen als große Priesterversammlungen, erkannten die Häretiker-Taufe als gültig an; daher die Weglassung.

Diese Thatsache gibt einen völlig entscheidenden Anhaltspunkt für die Abfassungszeit des päpstlichen sog. apostolischen Bekenntnisses; es kann nicht vor dem 5. Jahrhundert abgefaßt sein. Übrigens ist um diese Zeit zu demselben Zweck ein **gefälschter** Kanon VII. der Konstantinopolitanischen Synode von 381 in Umlauf gesetzt worden, welcher ebenfalls die arianische Taufe für gültig erklärt.

Die griechische Kirche dagegen hält bis auf diesen Tag an ihrem Satz fest: „Ich glaube an Eine Taufe zur Vergebung der Sünden", lehrt, daß andere Taufen Nichts wirken und nötigt Jeden zu ihr Übertretenden, sich nach ihren Gebräuchen noch einmal taufen zu lassen.

Von den Worten „zur Vergebung der Sünden" hat der Papst in seinem Bekenntnis das Wörtlein „zur" natürlich streichen müssen; er hat aber die drei andern Worte stehen lassen, so daß es in seinem Bekenntnis nun heißt: „Ich glaube Vergebung der Sünden", ohne einen Beisatz, wodurch dieselbe geschehe. Wer nicht den vorausgegangenen Beschluß von Konstantinopel kennte, würde gewiß fragen, wie diese Worte in das päpstliche Bekenntnis kommen, da sie hier nicht an rechter Stelle zu sein scheinen; die geschichtliche Betrachtung löst das Rätsel. Übrigens kann man den Papst für seine Veränderung nur loben, da die Väter zu Konstantinopel ihren Satz schlecht überlegt hatten, indem er das Mißverständnis zuläßt, entweder daß die Taufe alle Sünden, frühere und künftige abwasche und etwas Weiteres nicht erforderlich sei, oder aber, daß es für die von der Taufe nicht getilgten Sünden keine Verzeihung gebe.

d) An Stelle des herausgeworfenen Satzes von der Taufe schob der Papst einen anderen ein: „Ich glaube an die Gemeinschaft der Heiligen", sanctorum communionem. Was dieser Satz bedeute, ist freilich nicht auf den ersten Blick klar und es hat daher an verschiedenen Deutungen nicht gefehlt. Nur hüte man sich dieses Einschiebsel für etwas Gleichgültiges zu halten; es erheischt die sorgfältigste Prüfung.

Vor allen Dingen ist die Frage zu beantworten: Was hat die römische Kirche im 6. Jahrhundert unter den Heiligen den Sancti, ἱεροί verstanden? Die Antwort kann nur dahin lauten: es sind die Priester, der Klerus, die Mitglieder der Hierarchie, in ihren verschiedenen Stufen. Die Protestanten legen allerdings einige Stellen in den Apostelbriefen dahin aus, daß alle Christen darin als „Heilige" oder als „Priester" bezeichnet würden, was ich für Irrtum halte, wie ich an anderer Stelle zu begründen gedenke; zahlreiche andere Stellen zeigen das Gegenteil, z. B. Paulus Brief an die Epheser 4,12.

Daß die Priester eine besondere Gemeinschaft für sich ausmachen, ist ebenfalls unzweifelhaft.

Durch das Einschiebsel ist also der große Gewinn erzielt, daß alle Christen glauben müssen, nicht bloß daß es eine „heilige allgemeine Versammlung oder Kirche" gibt, sondern in derselben noch einen besonderen Verband der Priester; das Priestertum, von dem bis dahin noch Nichts im Bekenntnis stand, ist jetzt deutlich anerkannt, anerkannt in einem Glaubensgesetz der Apostel!!

An die Worte „eine Gemeinschaft der Heiligen" schließen sich unmittelbar die Worte „Vergebung der Sünden" an, wonach der Christ alle Ursache hat zu glauben, daß er von den „Heiligen" die Vergebung der Sünden zu hoffen habe, wie es ja in der That die Lehre der römischen Kirche ist; die Absolution erhält man vom Priester und vor Allem vom Papst, der den Himmelsschlüssel hat.

Will man sich genauer darüber unterrichten, was die römische Kirche im 6. Jahrhundert unter den „Heiligen" verstanden hat, so braucht man nur die in dieser Zeit gefälschten Schriften und Briefe des Dionysius Areopagita zu lesen, deren Zweck war, die Hierarchie mit allen ihren Ausflüssen als bereits gleich nach Christi Zeiten bestehend hinzustellen. Näheres hierüber unten in Anhang II.

Auf jeden Fall bezieht sich die „communio sanctorum" wenigstens auf die durch die Sakramente, insbesondere Taufe und Eucharistie (Abendmahl) erzeugte geistige und „leibliche" Gemeinschaft der Gläubigen, wie auch der römische Katechismus von 1566 § 164—169 lehrt, der im übrigen dabei nicht unterläßt, zu bemerken, daß in dieser Gemeinschaft verschiedene Aemter und Aufgaben seien, Apostel und Lehrer, welche oben stehen und lehren, und andere, welche zu gehorchen haben und unterworfen sind.

Luther wollte nach seinem Katechismus von 1529 in den Worten „Gemeinschaft der Heiligen" nichts weiter sehen als eine „Glosse" zur Erklärung, was „die heilige allgemeine Versammlung" sei, der eine Bedeutung weiter nicht zukomme, da sie vor Zeiten nicht im Bekenntnis gestanden habe; Erasmus äußerte sich im Jahre 1532 (Catechesis V) ähnlich und hob hervor, daß der Zusatz in den von Cyprianus und Augustinus mitgeteilten Bekenntnissen nicht stehe, auch in ihren Schriften nirgends erwähnt werde. Allein solche abschwächenden und der Sache aus dem Wege gehenden Deutungen sind zu verwerfen.

7. Das Konstantinopolitanische Bekenntnis von 381 hatte den Satz „überdies glauben wir die Auferstehung der Toten (νεκρῶν, mortuorum) und ein Leben der künftigen Zeit"; der Papst hat dafür gesagt: „Auferstehung des Fleisches" (Lateinisch resurrectionem carnis). Das ist eine höchst wichtige Aenderung. Denn während die erste Fassung es dunkel läßt, in welcher Gestalt die Toten auferstehen werden, Jeder sich das nach seiner Fähigkeit vorstellen mag, fordert die päpstliche Fassung einen bestimmten Glauben darüber; Fleisch (caro) kann nur auf den menschlichen Körper gehen, wie ihn der Mensch auf Erden besitzt, wenn gleich

dieser Körper freilich außerdem auch noch aus Knochen und vielen Flüssigkeiten besteht.

Die Vorstellung von einer solchen Auferstehung desselben menschlichen Körpers, der durch Tod und Verwesung in seine chemischen Bestandteile zerlegt worden ist, scheint schon im dritten Jahrhundert im Abenland vorgetragen worden zu sein. In einer Schrift de resurrectione carnis, die man dem Karthager Tertullianus, † 220, zuschreibt, heißt es: Der menschliche Körper werde jenseits in seinem wesentlichen Bestand (substantia) wieder hergestellt sein, allerdings in seinen Eigenschaften mannigfach verändert, ohne die Mängel, die ihm auf der Erde anhafteten und auch ohne daß die Glieder noch ihre alten Geschäfte haben, aber in Fleisch wie auf Erden[14]); ähnliches trugen Augustinus, Hieronymus, Rufinus und andere Christen der römischen Kirche vor. Der Asiate Irenäus, † 202, hat, wie wir unten finden werden, durch Gebete der Gläubigen Auferstandene mit eignen Augen gesehen.

Es dürfte wohl gelingen, den Zweck dieser päpstlichen Neuerung klar zu legen, wenn man alle damit in Zusammenhang stehenden Lehren der Kirchenväter und Päpste über Fegefeuer, in welchem nur die Seelen geglüht werden, über die ewigen Qualen der Hölle und Anderes hereinzieht. Der römische Katechismus von 1566 liefert 1, 3 Kap. 5 eine lange, merkwürdige, aber freilich zugleich widerspruchsvolle und dunkle Erläuterung, die Glauben fordert, wo der Verstand aufhört; darin wird hervorgehoben, daß die Bösen mit ihrem vom Teufel besessenen Körper auferstehen und mit diesem Körper zur ewigen Qual hinabgestoßen werden. Das Höllen=Feuer macht klärlich mehr Eindruck, wenn es um einen menschlichen Körper züngelt.

IV.
Zurückweisung des römischen sogen. Bekenntnisses der Apostel durch die allgemeinen Synoden seit 691 und durch die heutige griechisch-orientalische Kirche.

Die allgemeinen Synoden kamen gar selten zum Wort. Auf der im Jahre 451 zu Chalcedon in Kleinasien gehaltenen wurde das zu Konstantinopel im Jahre 381 beschlossene Bekenntnis zweimal, in der II. und V. Sitzung, vorgelesen und bestätigt; damals wußte man also von dem Bekenntnis der Apostel auch noch immer Nichts.

Im Jahre 691 trat auf kaiserliche Berufung wiederum eine allgemeine Synode zu Konstantinopel zusammen, die III. Konstantinopolitanische oder auch Trullanische genannt, weil sie im Trullos, im kaiserlichen Kuppel-Palast, tagte. Dieselbe beschloß folgenden Kanon 1:[15])

„Der Glaube, welcher von den Dienern des Wortes — welche dasselbe (das Wort) mit ihren Augen gesehen haben und von Gott erlesen worden sind — nämlich den Aposteln überliefert (traditam) worden ist, muß ohne jede Aenderung unabänderlich und unverletzlich gehalten werden; außerdem aber (der Glaube) der 318 heiligen von Gott begeisteten Väter, welche zu Nicäa zusammenkamen und . . . . (folgt eine ausführliche Erzählung, welche Lehren sie aufgestellt, welche verdammt hätten); ebenso der Glaube, welchen die heilige Synode von Konstantinopel unter Theodosius ausgesprochen hat", u. s. w.

In Kanon 2 befahl die Synode die 85 Kanones der Apostel zu beobachten. Die 8 Bücher der Konstitutionen der Apostel hat sie nicht in allen Stücken für maßgebend erklärt, da Unberechtigte daran Fälschungen vorgenommen hätten, ohne übrigens zu sagen, was echt und was gefälscht sei.

Unter dem zuerst erwähnten Glauben, wie er von den Aposteln überliefert worden ist, verstand die Synode keineswegs das in Rom fabrizierte Glaubensbekenntnis, sondern den Glauben wie er in den Schriften der Apostel, namentlich dem sog. Evangelium Johannis und den Briefen der Apostel, ferner in den Konstitutionen der Apostel, soweit sie nicht durch Unberechtigte verderbt seien, geschrieben stehe. Die zu Nicäa und Konstantinopel aufgestellten Bekenntnisse bestätigte sie ihrem Wortlaut nach und erklärte, daß sie denselben weder etwas zuzufügen noch abzuthun habe, bedrohte auch Alle, welche sich daran Aenderungen erlaubten, mit dem Bann.

Papst Sergius I., welcher 687—701 den römischen Stuhl einnahm, verstand sehr wohl, daß die Beschlüsse der Trullanischen Synode nicht bloß gegen die Häretiker, sondern auch gegen Rom zielten und erklärte diese Beschlüsse feierlich für ungültig, und verbot in seinem Machtbereich ihre Verkündigung.

Die griechisch-orientalische Kirche hat ihrerseits in der Folge niemals das sog. apostolische Bekenntnis angenommen und bis auf diesen Tag halten 100 Millionen griechischer Christen an den Beschlüssen der allgemeinen Synoden fest; das sog. apostolische Bekenntnis ist nur ein Bekenntnis der römischen Kirche geblieben.

V.
Hat Isidor von Sevilla das apostolische Glaubensbekenntnis gekannt?

Isidor, Erzbischof von Hispalis (Sevilla) in Spanien, gestorben im Jahre 636, hat eine Art Weltgeschichte und Weltbeschreibung verfaßt, welche große Verbreitung fand und in vielen folgenden Werken dieser Art benutzt worden ist.[16]) In Buch 6, Kap. 15 oder 16 meldet er:

„Die Gesetzesregeln (canones) der allgemeinen Konzilien nahmen mit den Zeiten Constantins ihren Anfang. In den vorausgegangenen Jahren nämlich, während die Verfolgung wütete, war keinerlei Gelegenheit gegeben, das Volk zu lehren. Daher wurde die Christenheit in verschiedene Häresieen gespalten, weil den Bischöfen nicht erlaubt war, sich zu versammeln, außer zur Zeit des genannten Kaisers. Derselbe gab den Christen die Befugnis, sich frei zu versammeln. Unter ihm haben in dem Nicänischen Konzil dem zweiten nach den Aposteln, 318 Väter das Glaubensbekenntnis kund gegeben, welchem im Konzil zu Konstantinopel Einiges beigefügt worden ist."

So lautete eine alte Handschrift des Isidor, welche Laurentius Valla zu des Papstes Eugen IV. Zeit (1431—47) vor sich hatte. (Vgl. unten.) Isidor sagt also: es gab vor 325 kein Glaubensbekenntnis, man konnte auch keines feststellen, weil die Bischöfe keine Versammlung halten durften und es herrschte daher große Spaltung über die Lehre. (!) Hieraus ergiebt sich klar, daß Isidor, dieser gelehrteste Mann seiner Zeit und (angeblich) Verfasser einer Sammlung der Kirchengesetze, noch um's Jahr 600 überhaupt Nichts von einem Glaubensbekenntnis der Apostel, weder einem längeren, noch kürzeren wußte, jedenfalls keines für echt gehalten hat.

Die Stelle bei Isidor ist nun in anderen Handschriften in den entscheidenden Worten geändert und zwar folgendermaßen:

"Unter ihm (Constantin) haben auch die im Nicänischen Konzil aus dem ganzen Erdkreis vereinigten heiligen Väter, gemäß dem evangelischen und apostolischen Glauben, das zweite Glaubensbekenntnis nach den Aposteln kund gegeben." [7])

Hiernach hätte also Isidor ein erstes älteres Bekenntnis gekannt, und zwar das der Apostel, wie die gebrauchten Worte nicht undeutlich vermuten lassen.

Diese zweite geänderte Lesart wurde nun seit dem 12. Jahrhundert von maßgebender Wichtigkeit, weil sie von dem Mönch Gratianus in sein Decretum, Pars I, Distinctio 15, Cap. 1 aufgenommen worden ist und dieses Decretum in der Folge als erster Teil des Corpus juris canonici gesetzliche Verbindlichkeit erhalten hat. Daß das Bekenntnis der Apostel das erste sei, das Nicänische erst das zweite, spätere, durfte fortan Niemand bestreiten.

Das sollte der berühmte Gelehrte Laurentius Valla während seines Aufenthaltes am Hofe des Königs Alfons um 1440 erfahren. Eines Tages hörte er einen Franziskaner zu Neapel predigen: Das apostolische Bekenntnis sei dergestalt entstanden, daß Petrus angefangen habe: "Ich glaube an Gott, den all=

mächtigen Vater" u. s. w., worauf Andreas fortgefahren habe: „und an Jesus Christus", und daß ebenso auch von jedem der übrigen Apostel ein Satz hinzugefügt worden sei, bis sie das Bekenntnis vollendet hätten — eine Mähr, die, wie wir sahen, schon im 5. oder 6. Jahrhundert aufgetaucht ist. Valla fragte nachher den Mönch, woher er dies alles wisse, worauf dieser sich auf das Decretum Gratians berief. Valla schöpfte sofort Verdacht, daß die hier mitgeteilte Lesart verfälscht sei, ließ sich von einem befreundeten Mönch des Klosters Cava bei Neapel eine alte Handschrift des Isidorus geben, und siehe da, diese Handschrift bestätigte vollauf seinen Verdacht. Er kündigte hierauf eine öffentliche Disputation an, mußte dieselbe aber absagen, wurde wegen Häresie vor das Inquisitionsgericht gestellt und entging dem Feuertod nur dadurch, daß er die Erklärung abgab: er glaube in Ansehung des apostolischen Bekenntnisses alles, was die Kirche glaube. Eine Minderheit des Gerichts wollte sich damit keineswegs zufrieden geben, sondern verlangte ausdrücklichen Widerruf der aufgestellten Behauptung, wurde aber überstimmt unter Rücksichtnahme auf König Alfons, welcher seinen Geheimschreiber Valla in Schutz nahm.[18])

Die Lesart der alten Handschrift des Klosters Cava, auf welche sich Valla berief, ist aus folgenden Gründen für die allein richtige zu halten. Erstens: Bereits im 5. und 6. Jahrhundert war es eine verbreitete Erzählung, die auch Papst Innocenz der Heilige in einem Briefe wiederholte, daß die Apostel nach der Himmelfahrt Christi zu Antiochia eine Versammlung (Synode) gehalten und hier 9 Beschlüsse gefaßt hätten. Diese angeblichen Beschlüsse sind ebenfalls ihrem Wortlaut nach überliefert, enthalten aber keinen einzigen der im sog. apostolischen Bekenntnis enthaltenen Punkte![19]) Isidor von Sevilla konnte also mit gutem Grund die Synode von Nicäa „die zweite seit den Aposteln" nennen, besonders wenn man bedenkt, daß die Bischöfe sich ja gerade als die geweihten, heiligen Nachfolger der Apostel betrachten. Zweitens: Wenn Isidor im Eingang bemerkt: im 2. und 3. Jahrhundert sei die Christenheit in viele Häresieen gespalten worden, weil die Bischöfe nicht hätten zusammen kommen und den rechten Glauben feststellen können, so setzt diese Bemerkung voraus, daß es ein von den Aposteln gegebenes Bekenntnis nicht gegeben habe; denn wenn es vorgelegen hätte, würden die Häresieen nicht haben einreißen können. Drittens aber ist nicht zu verstehen, wie Isidor dazu hätte kommen können, das Nicänische Bekenntnis für ein „zweites" zu erklären; denn wenn es ein zweites war, so war es ein anderes, ein solches, welches bis daher noch nicht vorlag, nicht denselben, sondern einen anderen Inhalt hatte, als das apostolische, aber doch ihm sicher nicht widersprechen konnte. Man sieht, der Ausdruck „das zweite Bekenntnis" führt zu unlöslichen Widersprüchen.[20])

Aus diesen Gründen ist man, wie ich glaube, gezwungen, mit Laurentius Valla anzunehmen: Isidor von Sevilla hat von dem Glaubensbekenntnis der Apostel nichts gewußt.

VI.

Verfälschung einer Stelle im Bekenntnis von Konstantinopel. Auftauchen eines gefälschten Bekenntnisses des Athanasius.

Merkwürdigerweise hat die römische Kirche, auch nachdem das apostolische Bekenntnis erfunden worden war, fortwährend bei der Messe das Bekenntnis von Nicäa-Konstantinopel in Gebrauch behalten. Wie erklärt sich das? Einfach daraus, daß man nicht wagte, diesen im 5. oder 6. Jahrhundert eingeführten, von den Päpsten selbst gebilligten, also fest eingewurzelten Gebrauch zu ändern. Denn vor dem 9. Jahrhundert, vor der Spaltung der abendländischen und morgenländischen Kirche war die oberste Gewalt des römischen Papstes auch im Abendland nicht von Weitem so anerkannt, daß er sich eine solche Eigenmacht hätte erlauben dürfen; mußte ja bis in's 7. oder 8. Jahrhundert hinein jeder neugewählte Papst ein eidliches Versprechen leisten, „die Beschlüsse der allgemeinen Konzilien aufrecht zu erhalten."[21])

Ja die römische Kirche hat das Bekenntnis von Nicäa-Konstantinopel im Gebrauch behalten, aber — sie hat es gefälscht; die Worte: "Ich glaube an den heiligen Geist, welcher aus dem Vater hervorgeht", hat sie verändert in die Worte: "Ich glaube an den heiligen Geist, welcher aus dem Vater **und dem Sohne** hervorgeht".

Wann dies zuerst geschehen ist, läßt sich schwer sagen. Die Lateinische Uebersetzung des griechischen Wortlauts der Synodalbeschlüsse, welche Dionysius der Kleine um's Jahr 500 in päpstlichem Auftrag gefertigt haben soll, lautet nach manchen alten Handschriften noch genau wie der griechische Urtext (et in Spiritum sanctum ... ex patre procodentem). Aeltere Schriftsteller nennen verschiedene Päpste als Urheber der Aenderung, andere melden, sie sei von einem römischen Konzil, oder von einem Konzil zu Toledo in Spanien beschlossen worden; sicher ist, daß deutsche Konzilien unter Karl dem Großen den Zusatz gutheißen und Papst Leo III. (795—816) seine Uebereinstimmung mit dieser Lehre erklärte, obwohl er aus Klugheit das Nicänisch-Konstantinopolitanische Bekenntnis unverändert auf eine silberne Tafel einschreiben ließ, um es den Griechen vorzeigen zu können, die man damals noch hoffte unter die päpstliche Gewalt bringen zu können. Bald darauf aber ist in der ganzen abendländischen Kirche der Zusatz in Gebrauch.

Und was mag der Beweggrund zu dieser Fälschung gewesen sein? wird man fragen; ich antworte: ganz derselbe, welcher auch zur Fälschung des sog. apostolischen Bekenntnisses geführt hat, nämlich die Absicht, die Unfehlbarkeit der allgemeinen Konzilien zu verneinen und zu zeigen, daß Rom und die Päpste den richtigeren Glauben bewahrt haben. Möglich, daß auch der Wunsch, Gott den Sohn noch mehr zu verherrlichen, dazu beigetragen hat.

In den Streitigkeiten mit den Griechen, welche im 7., 8. und 9. Jahrhundert geführt wurden, zeigte Rom griechische Handschriften der zu Konstantinopel im Jahre 381 gefaßten Beschlüsse vor, worin die Worte "und dem Sohne" standen, behauptete also, das sei die richtige Lesart und die Griechen hätten falsche Handschriften.

Zum Beweise dieser Behauptung griff Rom zu einer neuen Fälschung; es brachte ein Bekenntnis zum Vorschein, welches angeblich Athanasius, Bischof von Alexandria, verfaßt haben sollte, derselbe Athanasius, welcher auf der Synode von Nicäa im Jahre 325 das dort beschlossene Bekenntnis gegen Arius durchgesetzt hatte, im Jahre 377, vier Jahre vor der Synode zu Konstantinopel, gestorben und nachher von den römischen Päpsten heilig gesprochen worden ist. In diesem Schriftstück heißt es: nur der habe den rechten Glauben, welcher unter anderen Sätzen auch den annimmt: „Der Heilige Geist ist vom Vater und vom Sohn nicht gemacht, nicht geschaffen, nicht geboren, sondern ausgehend". Wenn der heilige Athanasius, der Urheber der Nicänischen Beschlüsse, so gelehrt hat, darf ja kein Zweifel sein, daß die Nicänische Synode auch so gedacht hat und daß die Synode von Konstantinopel nicht anders dachte. So stellte Rom die Sache hin. Zugleich strengt sich der Verfasser an, dem widerstrebenden menschlichen Verstand faßlich zu machen, oder richtiger ihm die Erfassung des Gedankens zu befehlen, daß „der Vater Gott ist, der Sohn Gott ist und der heilige Geist Gott ist" und doch „nicht drei Götter sind, sondern Ein Gott".

Auch daß Christus nach seinem Tod in die Unterwelt gefahren sei, besagt das Schriftstück mit denselben Worten wie das römische sog. Bekenntnis der Apostel (!); es fügt sodann gegen den Schluß einen merkwürdigen Satz bei folgenden Wortlauts: „Diejenigen, welche Gutes gethan haben, werden ins ewige Leben gehen, diejenigen aber, welche Böses gethan, ins ewige Feuer". Da nun nach dem Eingang alle diejenigen, welche den Glauben nicht „ganz und rein" halten, unrettbar auf ewig verloren sind, so sind das eben die, welche „Böses thun", und ihnen ist das ewige Feuer bereitet. Dieser Zusatz machte der Priester-Kaste dieses Athanasische Bekenntnis noch besonders schätzbar; denn das ewige Feuer ist das Schreckgespenst, durch welches sie den Menschen Furcht einjagt und auf dem sie ihre eigne Herrlichkeit aufbaut. Wo dieses ewige Feuer brennt wird zwar nicht mit ausdrücklichen Worten angegeben; aber der Leser darf sehr wohl den Schluß ziehen, daß es in der Unterwelt brennt. Hiermit wird der Hauptzweck enthüllt, welcher die Aufnahme des Satzes „niedergefahren zu den Unterirdischen" in das römische Bekenntnis veranlaßt hat. Die Menschen werden, so rechnete man sehr klug, das ewige Feuer lieber glauben, wenn man ihnen auch sagen kann, wo es brennt.

Daß der Inhalt dieses Athanasischen Bekenntnisses von den Aposteln herrühre, behauptet die römische Kirche selbst nicht; es bleibt also das Werk eines Menschen, weiter Nichts; aber die römische Kirche darf ihm ein größeres Gewicht beilegen als bloßem Menschenwerk, da sie den Mönchsfreund Athanasius heilig gesprochen, also unter die Halbgötter versetzt hat. Die griechisch=orientalische Kirche hat es dagegen gerade so wie das sog. apostolische Bekenntnis von Anfang an zurückgewiesen und verwirft es bis zum heutigen Tage. Es ist auch in der That nicht einmal ein Werk des Athanasius, sondern eine römische Fälschung aus dem 7. oder 8. Jahrhundert.

Die köstliche Streitfrage, ob Gott Heiliger Geist ausgehe bloß von Gott Vater oder auch von Gott Sohn, hat übrigens noch im 15. Jahrhundert eine merkwürdige Rolle gespielt, die fast dem Gelingen nahen Versuche zu einer Wiedervereinigung der griechischen und römischen Kirche schließlich zum Scheitern gebracht. An sich hätte man sich gewiß darüber in irgend einer Weise verglichen, da diese Frage auch für den Gläubigsten weit über den menschlichen Verstand hinausreicht und es also schlecht angebracht ist, darüber unfehlbare Sätze aufzustellen. Allein es handelte sich eben dabei um die Frage, wer unfehlbar sei, die allgemeinen Konzilien oder die Päpste; der Papst wollte seine Unfehlbarkeit nicht fahren lassen, und die Griechen sie nicht anerkennen.

VII.
Kürzere, den Aposteln zugeschriebene Bekenntnisse in der abendländischen, insbesondere der römischen Kirche.

Erasmus von Rotterdam hatte im Jahre 1532 in seiner Schrift „über das Bekenntnis, welches man das der Apostel nennt" zuerst darauf hingewiesen, daß bei einigen abendländischen Schriftstellern des 3.—5. Jahrhunderts Glaubensbekenntnisse mitgeteilt würden, welche kürzer lauteten als das sog. Bekenntnis der Apostel und große Wahrscheinlichkeit bestehe, daß das letztere in der Weise entstanden sei, daß man allmählich in diese älteren Bekenntnisse Zusätze einschaltete. Es bildete dieser Nachweis einen der Hauptgründe für seine Aufstellung, daß das Bekenntnis, so wie es vorliegt, nicht von den Aposteln herrühre; ob die älteren, kürzeren Stücke von den Aposteln herrührten, ließ er dahingestellt. Im 19. Jahrhundert sind diese älteren Bekenntnisse mit besonderem Eifer in den Vordergrund gestellt und die Behauptung versucht worden, ihr Alter gehe in's zweite Jahrhundert zurück, oder — behaupten läßt sich das gerade so gut — sie gehörten schon dem ersten Jahrhundert an.[12]) Man glaubt, auf diese Weise wenigstens einen Teil des apostolischen Bekenntnisses als uralt, als aus den Apostelzeiten herrührend, retten zu können. Diese Versuche sind gänzlich verfehlt.

Sobald sich unter den Christen eine Partei ausbildete, welche lehrte, daß Christus als „Oberpriester" einen Priesterstand eingesetzt habe, welchem die Aufgabe zukomme, „Opfer zu bringen", nämlich den Leib und das Blut Christi zu „opfern" und überhaupt allein zu lehren und den Gottesdienst zu leiten, entsprangen notwendig die größten Meinungsverschiedenheiten über die Grundlagen des Glaubens, über die Anwendbarkeit des Alten Testaments auf christliche Verhältnisse und über die Person Christi, allmählich auch über die Echtheit gewisser Evangelien und apostolischen Briefe. Die protestantischen Gelehrten nehmen an, daß eine Priesterpartei sich schon im 2. Jahrhundert zu bilden angefangen und im 3. sich sehr erheblich ausgebreitet habe. Kann man sich wundern, daß diese Partei ihren Glauben auch in bestimmte Formeln oder Schlagworte faßte, mit denen sie den übrigen Christen entgegentrat? Ganz gewiß nicht. Die übrigen Christen haben das nicht gethan, weil sie sich einfach an die Worte Christi hielten und von theologischen und pfäffischen Spitzfindigkeiten Nichts hielten.

Die Formeln, welche sich erhalten haben, sind überliefert in Schriften und Briefen von Priestern oder Mönchen, welche als Stützen der Lehren der römischen Kirche gelten, und überdies nur in Handschriften später Jahrhunderte, zum Teil des Mittelalters, geschrieben von Anhängern Roms, sodaß jede Sicherheit fehlt, ob die Schriftsteller des 3.—5. Jahrhunderts überhaupt sich so geäußert haben, wie es jetzt in den Handschriften und Drucken zu lesen steht. Bis auf diesen Tag wissen wir von vielen jener Schriften nicht, welche Handschriften noch vorhanden sind, welchem Jahrhundert sie angehören, welchen Glauben sie verdienen.

Es sei aber einmal zugegeben: was in den uns bekannten Schriften von Jrenäus, Cyprian, Tertullian, Ambrosius, Rufinus über solche Bekenntnisse steht, ist wirklich so von ihnen berichtet worden, was beweist denn das für die Christenheit, was beweist es für den apostolischen Ursprung? Nicht das Geringste; alle diese Bekenntnisse sind solche von Privatpersonen und zwar von Anhängern der Priesterpartei; sie bedeuten gegenüber den Bekenntnissen von Nicäa und Konstantinopel, welche von der Gesamtheit der Priesterpartei und von deren Häuptern aufgestellt worden sind, gar Nichts, und sie als Beweis dafür anführen zu wollen, daß alle wahren Christen im zweiten oder dritten Jahrhundert so geglaubt hätten, ist ein moderner Aberglaube, den leider gerade protestantische Gelehrte in Umlauf gesetzt haben. Besäßen wir die zahlreichen Schriften der wirklich evangelischen Christen jener Zeiten, der Häretiker, welche die Priesterpartei seit dem vierten Jahrhundert in allen Ländern nach und nach gänzlich vernichtet hat, so würde so klar wie die Sonne sein, wie es wirklich um die Anschauungen der Christen jener Zeit gestanden hat; wir kennen dieselben nur aus den Schriften der Priesterpartei, in groben Entstellungen und vermengt mit abscheulichen Verläumbungen, sobaß sich die Wahrheit nur mit Mühe, und mit Zuhilfenahme der Thatsachen späterer Jahrhunderte herausschälen läßt; aber auch diese Nachrichten genügen vollkommen um sagen zu können, die Priesterpartei war nicht die Christenheit und am wenigsten hat sie an den Lehren Christi und seiner Apostel festgehalten.

Doch prüfen wir einige dieser für das 3.—5. Jahrhundert behaupteten Nachrichten etwas näher.

Irenäus, aus Asien stammend, Schüler des Bischofs Polycarp von Smyrna, vom Jahre 177—202 Bischof von Lyon (Lugdunum) in Gallien, den die römische Kirche unter die heiligen Lehrer oder Kirchenväter zählt, soll verschiedene Schriften geschrieben haben, die indessen bis auf eine einzige verloren sind. Die erhaltene führt den Titel „Entdeckung und Zerstörung der fälschlich sogenannten Wissenschaft" und hat 5 Bücher, von welchen das erste in griechischer Sprache vorliegt, die übrigen nur in einer sehr schlechten lateinischen Uebersetzung, in welcher das Werk den Titel führt „Gegen Häresieen" (adversus haereses). In Buch 1, Kapitel 2 und 3 teilt Irenäus den Wortlaut eines Glaubensbekenntnisses mit, welches „von den Aposteln und ihren Schülern" hinterlassen worden sei; es lautet nach einigen Handschriften — denn verschiedene Lesarten gibt es bei allen diesen Ueberlieferungen — folgendermaßen:[35])

„Ich glaube an Einen Gott, den allmächtigen Vater, der alles geschaffen hat; an Einen Jesum Christum, den Sohn Gottes, der, um uns zu erlösen, ein Mensch geworden ist; und an den heiligen Geist, welcher durch die Propheten die göttlichen Anstalten, die Geburt, das Leiden, die Auferstehung und Himmelfahrt unsers geliebten Herrn Jesu Christi, auch seine Herabkunft vom Himmel, in der Herrlichkeit des Vaters, zur Auferweckung aller Menschen vom Tode, verkündigt hat, auf daß vor Jesu Christo, unserm Herrn und Gott und Erlöser und Könige, sich alle Kniee im Himmel, auf Erden und unter der Erde (!) beugen, und alle Zungen ihn bekennen, er aber ein gerechtes Gericht an allen ausüben möge; so daß er die abgefallenen Engel und die gottlosen Menschen zum ewigen Feuer verdammen, den Gerechten aber und Frommen Leben, Unverweslichkeit und eine ewige Herrlichkeit schenke."

Man beachte, daß hier auch von Wesen die Rede ist, die sich „unter der Erde" befinden und auch ihre Knien beugen, also Christus anbeten, was übrigens wörtlich aus Pauli Brief an die Philipper 2, 10 abgeschrieben ist. (!)

Irenäus fügt die Bemerkung bei: „Weder die in Germanien gestifteten Gemeinden, noch die in Spanien und Gallien, in den Morgenländern, in Egypten, in Libyen oder die mitten in der Welt befindlichen (soll heißen in Italien, in Rom!) glauben oder lehren anders". Dieses Glaubensbekenntnis war also nach Irenäus nicht schriftlich durch die Apostel aufgesetzt, sondern mündlich überliefert und durch die mündliche Ueberlieferung überall in Gebrauch gekommen; er zeichnet es zuerst auf. Merkwürdig, was dieser Kleinasiate alles weiß! In der ganzen Welt ist er bekannt und weiß, wie man an allen Ecken derselben glaubt; auch von christlichen Gemeinden „in Germanien" weiß er zu berichten. Zur Zeit, in der er lebte, waren nun die Germanen sicher allesamt noch Heiden, auch diejenigen, welche in den linksrheinischen römischen Provinzen Ober- und Unter-Germanien wohnten, und wenn es zu Worms, Mainz, Cöln u. s. w. damals christliche Gemeinden gegeben haben sollte, was ganz unbewiesen ist, so waren das ganz unerhebliche Anfänge, die gar nicht in Betracht kommen. Diese Hervorhebung Germaniens erweckt den Verdacht, daß diese Stelle gar nicht von Irenäus selbst herrührt. Ich gehe aber kühnlich weiter und behaupte: die ganze dem Irenäus zugeschriebene Schrift rührt, so wie sie vorliegt, nicht von ihm her, sondern ist ein Machwerk späterer Zeit, vielleicht des 5. Jahrhunderts, aus zahlreichen Gründen, die zum Teil dieselben sind, warum die römische Kirche diesen Lyoner Bischof unter die Heiligen versetzt hat. Er weiß, daß die Apostel überall Bischöfe eingesetzt haben, daß man überall die Namen derselben und ihrer Nachfolger noch kennt (!) und diese Bischöfe die von den

Aposteln mündlich (!) erhaltenen Lehren in voller Reinheit weiter gepflanzt haben. Besonders ist dies aber in Rom geschehen, in der von den Aposteln Petrus und Paulus gestifteten Gemeinde und durch die von ihnen dort eingesetzten Bischöfe und ihre Nachfolger; dieser Gemeinde kommt der Vorrang (potentior principalitas) vor allen anderen zu; zu ihr muß sich die ganze Kirche, d. h. die Gläubigen aus allen Gegenden versammeln, weil dort stets von den von überallher zuströmenden Christen die apostolische Ueberlieferung (Tradition) erhalten worden ist. Dieser römischen Melodie werden wir sogleich noch in anderen Schriftstellern begegnen; sie gehört frühestens dem Ende des 4. Jahrhunderts an, so wie auch die Andeutungen des Irenäus über die Kindertaufe auf das 4. Jahrhundert hinweisen. Wes Geistes Kind der angebliche Irenäus übrigens gewesen ist, erhellt aus seinen Erzählungen über die Wunder, die noch zu seiner Zeit durch die Gläubigen verrichtet wurden; auf Fasten und Gebet der „rechtgläubigen" Kirche seien Tote auferweckt worden, die nachher noch viele Jahre gelebt hätten, und die er selbst gesehen habe — eine schlagende Widerlegung der Häretiker, welche sich erkühnten, die Auferstehung Christi von den Toten zu leugnen.

Thrannius Rufinus, geb. 330 bei Aquileja in Ober-Italien, im Jahre 371 getauft, dann längere Jahre in Aegypten und Jerusalem ein mönchisches Leben führend (!), zum Priester geweiht und seit 399 bis an seinen im Jahre 410 erfolgten Tod in seiner Heimat Aquileja mit Schriftstellerei beschäftigt, soll eine Erklärung des Glaubensbekenntnisses (expositio Symboli) verfaßt haben, in deren Eingang er berichtet: „Eine alte Ueberlieferung (!) meldet, daß der Herr nach seiner Himmelfahrt den Aposteln den Auftrag gab, einzeln zu den verschiedenen Völkern hinauszuziehen, um ihnen das Wort Gottes zu verkündigen. Im Begriffe nun, von einander zu scheiden, stellten sie vorher gemeinsam eine Regel ihrer zukünftigen Lehre auf, damit sie nicht etwa, wenn der Eine vom Andern getrennt wäre, denen, welche zum christlichen Glauben eingeladen werden sollten, etwas Verschiedenes vortrügen. Indem so alle vereint und vom

heiligen Geist erfüllt ihre gemeinsamen Ueberzeugungen zu=
sammenstellten, setzten sie, wie wir sagten, jenes kurze Er=
kennungszeichen ihrer zukünftigen Lehre fest und fanden darin
eine feste Regel, welche sie den Gläubigen zu geben beschlossen.
Daß sie dieses aber Symbolum nannten, geschah aus vielen
und sehr zutreffenden Gründen." In Aquileja, sagt Rufinus
weiter, sei dieses von den Aposteln festgesetzte Bekenntnis in
folgender Form in Gebrauch:

„Ich glaube an Gott, den allmächtigen Vater, und an
Jesus Christus, seinen einzigen Sohn, unsern Herrn, welcher
geboren ist vom heiligen Geist aus Maria der Jungfrau,
gekreuzigt unter Pontius Pilatus und begraben, hinabgestiegen
ins Unterirdische, am dritten Tage auferstanden von den
Toten; er stieg auf in den Himmel, er sitzt zur Rechten des
Vaters, von dort wird er kommen zu richten die Lebenden
und die Toten; — — und an den heiligen Geist, Eine heilige
Kirche, Nachlassung der Sünden, Auferstehung dieses Fleisches."

Als Quelle bezeichnet Rufinus „eine alte Überlieferung"
(Tradition) und fügt bei: „Diese Überlieferung haben die Apostel
deshalb nicht zur Aufzeichnung auf Pergament oder Papier
gegeben, sondern zur Aufbewahrung in den Herzen der Gläubigen,
damit es sicher sei, daß Niemand dieselbe vom Lesen, wozu
ja zuweilen auch die Heiden Gelegenheit zu finden pflegen,
sondern aus der Apostel mündlicher Predigt erlernt habe".
Also aufgezeichnet war sie während 370 Jahren nach dem Tode
Christi nicht, ein wichtiges Zugeständnis. Daß die Aufzeich=
nung von den Aposteln verboten worden sei, ist Unsinn; die
Apostel haben doch nach allgemeinem Glauben viele Briefe
geschrieben, die nicht weniger Wichtiges und größtenteils das=
selbe enthalten wie das Bekenntnis; und geheim, ein geheimes
Erkennungszeichen konnte das Bekenntnis unmöglich bleiben, da
es bei der Taufe öffentlich hergesagt wurde. Doch hören wir,
was Rufinus gleich beim ersten Satz: „Ich glaube an Gott,
den allmächtigen Vater" anmerkt: „Ehe ich aber beginne, über
Sinn und Tragweite der einzelnen Sätze selbst zu reden, halte
ich es für angemessen daran zu erinnern, daß sich in verschie=

denen Kirchen einige Zusätze zu diesem Wortlaute vorfinden. In der römischen Kirche jedoch hat dies nicht stattgefunden, ein Umstand, den ich glaube daher leiten zu müssen, daß auch nicht eine einzige Irrlehre von dort ihren Ursprung genommen hat (!): andrerseits aber auch, weil daselbst die alte Sitte besteht, daß diejenigen, welche das Sakrament der Taufe empfangen wollen, öffentlich, d. h. in Gegenwart des gläubigen Volkes das Symbolum laut hersagen; die Beifügung aber auch nur eines einzigen Wortes hören zu müssen, würden Diejenigen, welche schon früher den Glauben angenommen, nicht ertragen haben. An andern Orten aber — soviel ich die Sachlage überschaue — scheinen in Rücksicht auf gewisse Häretiker einige Zusätze gemacht worden zu sein und zwar solche, durch welche man den Sinn der neuernden Lehre gänzlich auszuschließen hoffte. Wir indes werden jenem Wortlaute folgen, wie wir ihn in der Kirche von Aquileja beim Empfang der Taufe überkommen haben." Rufinus hält es gar nicht der Mühe wert auch nur mit einem Wort der allgemeinen Konzilien zu gedenken!; ja er stellt deren Beschlüsse als unbefugte Erweiterungen des apostolischen Symbolums hin; Rom ist der Hort des reinen Glaubens geblieben; der reine Glaube war hier so allgemein, von Häretikern keine Spur vorhanden, daß für irgend welche gegen Häretiker gemünzte Zusätze gar keine Veranlassung vorlag.

Damit scheint eine andere Stelle in Widerspruch zu stehen. Bei der Erklärung des Satzes: „Gekreuzigt unter Pontius Pilatus und begraben, hinabgestiegen ins Unterirdische (ad inferna) sagt Rufinus: „Zu bemerken ist, daß der Zusatz ‚abgestiegen ins Unterirdische' in dem Symbolum der römischen Kirche sich nicht findet; aber auch in den orientalischen Kirchen fehlt dieser Ausdruck: der Wortsinn indessen scheint gleichmäßig zusammenzutreffen mit der Behauptung, daß er begraben worden sei." Also während zu Aquileja alte Überlieferung war, daß die Apostel die Worte „hinabgestiegen ins Unterirdische" als ihre Lehre beschlossen hatten, ließ man das an allen übrigen Orten beim Hersagen des Bekenntnisses weg, selbst im Mittelpunkt des wahren Glaubens, Rom! Rufinus sucht dies damit zu erklären, daß die Worte nichts weiter besagen wollten, als daß Christus begraben worden sei. Hinterher führt er aber doch Schriftstellen aus dem Alten Testament und auch die Stelle aus dem I. Petrusbriefe 3,18 für die Richtigkeit des „Zusatzes" an.

Ich behaupte: die Angabe des Rufinus bezüglich des Fehlens eines Satzes im römischen Bekenntnis ist völlig bedeutungslos; das Entscheidende ist die Übereinstimmung des römischen Bekenntnisses mit allen übrigen in Aquileja überlieferten apostolischen Sätzen, also die Thatsache, daß Rom nicht von einer allgemeinen Synode, sondern von den Aposteln selbst seinen Glauben herleitete und besaß, nach dem Zeugnis eines Schriftstellers, der mehrfach von Rom aus der Häresie beschuldigt worden war, dessen Zeugnis also auch für Häretiker und Orientalen doppelt beweiskräftig sein mußte. Gerade daß er eine Abweichung Roms anmerkt, soll dazu dienen, seine Unparteilichkeit und Wahrheitsliebe ins volle Licht zu setzen.

Ich behaupte aber zweitens: die Schrift rührt gar nicht von Rufinus her, sondern ist im Auftrag Roms mit feinster Berechnung angefertigt. Durch die pfiffige Angabe, daß im alten römischen apostolischen Bekenntnis die Worte „abgestiegen in's Unterirdische" nicht enthalten gewesen seien, hat sich Rom in keiner Weise beengt gefühlt, und sie thatsächlich in sein „apostolisches Bekenntnis" eingefügt; Rufinus hat sich eben in diesem Punkt geirrt, konnte Rom ruhig erklären.

Beachtenswert ist übrigens noch der Satz, worin Rufinus seinem treuesten Vater Laurentius, dem die Schrift gewidmet ist, zugiebt, es müßten die Sätze des Symbolums „durch Aussprüche der heiligen Schrift bewiesen werden"; „denn je erhabener Dasjenige ist, was wir glauben müssen, desto mehr sind geeignete und unzweifelhafte Zeugen erforderlich"; weshalb nun die Erläuterungen großen Teils in Herbeiziehung von Stellen aus dem Neuen und Alten Testament bestehen. Dabei ist übersehen, daß ein Beschluß der Apostel doch wahrlich über allen andern Zeugnissen und Nachrichten stehen muß. Der Verfasser ist eben hier aus der Rolle gefallen und hat den greifbaren

Beweis geliefert, daß es sich bei dem Werk um lauter Fälschungen handelt.

Rufinus hatte seiner Zeit großen Ruf der Gelehrsamkeit; man schreibt ihm auch zu, daß er die vom Bischof Eusebius verfaßte Kirchengeschichte umgearbeitet und sowohl im griechischen Text als in der lateinischen Uebersetzung gröblich gefälscht habe; es fragt sich, ob ihm das nicht ebenfalls bloß in die Schuhe geschoben ist; wenn nicht, dann verliert er von vorneherein für uns die Eigenschaft eines wahrheitsliebenden Gewährsmanns. Uebrigens sei hier bemerkt, daß im 16. Jahrhundert zwei papistische Gelehrte die jetzt dem Rufinus zugeschriebene expositio Symboli unter den Werken des Kirchenvaters Cyprian († 258) abgedruckt haben, um sie als 150 Jahre älter und noch beweiskräftiger für die Rechtgläubigkeit Roms erscheinen zu lassen.

Manche neueren Gelehrten haben die Meinung geäußert, das sog. Bekenntnis der Apostel sei nicht in Rom, sondern in Süd-Gallien entstanden und erst viel später auch in Rom angenommen worden; allein dies ist in keiner Weise wahrscheinlich. Wie sollte ein Kleriker in Süd-Gallien dazu kommen, ein eigenes Bekenntnis in die Welt zu setzen, wo man doch das Nicänisch-Konstantinopolitanische hatte, welches verbindlich war, wovon abzuweichen als Häresie erschien; überdies befanden sich die orthodoxen Bischöfe Süd-Galliens von früh an, namentlich seit Papst Leo I., dem Großen (440—461) in voller Abhängigkeit von Rom, und es pflegte nicht Sache Roms zu sein, sich von andern Leuten Vorschriften machen zu lassen, gar über die allerwichtigsten Glaubensfragen. Wir wissen aber auch aus Beispielen, wozu die angebliche Kanonen-Sammlung Isidors von Sevilla und die gefälschten Pseudo-Isidorischen Dekretalen des 9. Jahrhunderts gehören, daß Rom gern die Klugheit gebrauchte, seine Fälschungen zunächst an anderen Orten an's Licht treten zu lassen, um erst den Erfolg zu beobachten. Hätte man in Rom plötzlich Dinge aufgetischt, die bisher dort Niemand gesehen hatte, so wären Zweifel an der Echtheit nicht zu überwinden gewesen; kamen die Sachen aber aus der Ferne, so fehlten die Spuren der Entstehung.

Auf Rom weist auch die Erzählung hin, wonach bei der Abfassung des Bekenntnisses der Apostel Petrus an der Spitze der Apostel genannt wird, den ersten Satz des Bekenntnisses ausgesprochen haben soll.

VIII.
Ablehnung aller Bekenntnisse durch die evangelischen Brüder oder Waldenser des Mittelalters.

Das Nicänisch-Konstantinopolitanische, das sog. apostolische und Athanasische Bekenntnis, waren Bekenntnisse der Priesterkirche; äußerlich wurde ihre Anerkennung, wenn die weltliche Gewalt ihren Arm dazu hergab, erzwungen; aber in allen Jahrhunderten, ohne Ausnahme, hat es Millionen von Christen gegeben, welche diese Bekenntnisse verwarfen, nämlich alle von der Priesterpartei als Häretiker gebrandmarkten Christen, welche sich lediglich an die in den Evangelien überlieferten Lehren Christi hielten. Zu ihnen gehörten insbesondere die evangelischen Brüder, auch Katharer, Waldenser, Begharden genannt.

Der Dominikaner Bernard Guidonis, welcher von 1307 bis 1323 die päpstliche Inquisition zu Toulouse leitete, meldet in seiner um das Jahr 1321 verfaßten „Anleitung zur Inquisition gegen die häretische Schlechtigkeit" von den Waldensern in Frankreich: „Sie halten auch Nichts vom Symbolum der Apostel ‚Ich glaube an Gott‘, weil sie sagen, es sei dasselbe durch die römische Kirche und nicht durch Christus angeordnet oder zusammengestellt. Dagegen sagen sie her und lehren sie 7 Glaubensartikel von der Gottheit, 7 von der Menschheit und 7 Werke der Barmherzigkeit, die sie in eine kurze Zusammenstellung gebracht und angeordnet haben, und darin rühmen sich sie sehr und sind sofort bereit über ihren Glauben Auskunft zu geben. Sie können aber alsdann schnell auf folgende Weise gefaßt (der Häresie überführt) werden: „Sage mir das Glaubensbekenntnis, nämlich ‚Ich glaube an Gott‘ her, wie es die katholische Kirche sagt, weil darin alle Artikel enthalten sind", und dann antworten sie: „Ich weiß es nicht, weil Niemand mich so gelehrt hat."³⁴) Ebenso berichtet um 1340 Guido von Ferrena, Bischof von Elne (im Departement der Ost=Pyrenäen).³⁵) Allerdings giebt ein anderer Inquisitor aus etwas früherer Zeit an, die Leonisten (Brüder von Lyon) erklärten, daß sie alle Artikel, welche im Symbolum stehen, glaubten³⁶), und es darf das nicht Wunder nehmen, da es unter den Waldensern in vielen Dingen abweichende Meinungen gab; doch konnten solche Erklärungen auch abgegeben sein, um dem Feuertod zu entgehen.

Der englische Reformator Johann Wyklif, welcher sich in seinen späteren Lebensjahren die Anschauungen der Waldenser oder Lollarden fast völlig aneignete, erklärt in seinem letzten und Hauptwerk, dem „Dreigespräch" (Trialogus)³⁷), etwa ums Jahr 1380 vollendet, die Lehren und Befehle Christi für die Grundlage des christlichen Glaubens, und nennt die Bekenntnisse der Apostel oder der Synoden von Nicäa und Konstantinopel nirgends bei Namen; er erwähnt nur in ganz allgemeiner, berichtender Weise des „christlichen Bekenntnisses" (symbolum christianum) an zwei Stellen, bei der Taufe und beim Zehnten, und ähnlich der „Artikel des Glaubens" bei der Lehre von der Dreiheit Gottes, indem er diese Lehre auf ihren vernünftigen Sinn nach den Regeln philosophischer (voraussetzungsloser) Schlußfolgerung prüft, und dabei in einigen Richtungen geistreiche Urteile abgibt, wie z. B. über den Gebrauch der Bezeichnungen „drei Personen" oder nach dem Ausdruck der Griechen „drei Wesen, Substanzen, hypostases", über die Schwierigkeit, inwiefern sich bei der göttlichen Natur sagen lasse, „sie erzeugt" oder „wird gezeugt"; während er bei anderen Fragen erklärt, darauf nicht näher eingehen zu dürfen (!). Wer zwischen den Zeilen zu lesen versteht, erkennt genügsam, daß Wyklif die Dreieinigkeit in hohem geistigem Sinn auffaßt und vom Herplappern einiger Artikel Nichts hält. Ueberhaupt, wie hätte ein Mann, der die ganze Papstkirche als eine Anstalt des Antichrists ansah, zu einem Bekenntnis zustimmen können, welches diese Papstkirche als „eine einige heilige katholische Kirche" hinstellt?

Die sog. „Deutsche Theologie", eine zu Anfang des 15. Jahrhunderts aus Walbenser-Kreisen hervorgegangene Schrift, welche im Jahre 1516 von Luther herausgegeben und als mit dem Evangelium aufs vollkommenste übereinstimmend gepriesen worden ist, stützt ihre Ausführungen überall nur auf Stellen des Neuen Testaments, nirgends auf das apostolische Glaubens=bekenntnis, dessen sie an keiner Stelle mit Namen gedenkt; sie legt in Kapitel 48 dem äußeren Bekennen zu gewissen Glaubens=artikeln überhaupt keinen Wert bei, und erklärt in Kapitel 15, daß die Art und Weise, wie Christus ein Haus und eine Woh=nung Gottes gewesen sei, mit Wort oder Schrift von Nieman=dem ausgesprochen werden könne, außer von Gott selber.[20])

Von den nach der Zeit von Hus in Böhmen sich bildenden Religionsparteien haben die Utraquisten, welche der römischen Kirche nahe standen und später vorzugsweise Hussiten genannt worden sind, die drei alten Glaubensbekenntnisse festgehalten; auf der Landessynode vom 25. Juli 1434 beschlossen sie darüber Folgendes: „Desgleichen glauben wir treulich und gänzlich das Glaubensbekenntnis (symbolum) der Apostel, des großen Nicänischen Konzils, das Glaubensbekenntnis des Athanasius, zusammen mit allen anderen katholischen Glaubensbekenntnissen, welche in der ursprünglichen Kirche gehalten und verkündigt worden sind, und halten ernstlich fest, daß sie von allen zu glauben seien (die letzten Worte sind im Text verderbt); und wir entscheiden und befehlen, daß alle heiligen und vernünf=tigen und katholischen Befehle und Anordnungen der Apostel und der ursprünglichen Kirche, welche Kirche wir als die Mutter und Lehrerin des katholischen Glaubens ehren, und von welcher sich zu trennen wir für unerlaubt erachten, zu halten und zu beobachten seien, dergestalt, daß, was die Apostel gelehrt haben und das Altertum ebenfalls beobachtet hat, auch wir beobachten und bewahren."

Die zweite große Religionspartei in Böhmen, die Taboriten, welche aus den Waldensern hervorgegangen sind, in Wyklif ihren Führer, den Doctor evangelicus, sahen, haben sich nirgends auf die alten Symbole berufen, sondern als sie im Jahre 1432 ben Utraquisten gegenüber eine Anzahl von Glaubenssätzen als ihr Bekenntnis kundgaben, nachdrücklich sich dagegen verwahrt, als ob sie hiermit irgendwie ein bindendes Bekenntnis aufstellen wollten, da sie vielmehr „das Gesetz Christi" als einzige Richtschnur ansähen. Da die Utraquisten die alten Symbole ausdrücklich als Hauptregel hingestellt hatten, und die Taboriten bestrebt waren, möglichst das Gemeinsame hervorzuheben, hätten sie von den alten Symbolen sicherlich nicht geschwiegen, wenn sie ihnen Verbindlichkeit hätten beilegen können.

In Italien, wo die Macht des Papsttums ebenfalls durch viele Jahrzehnte geschwächt war, erhob zuerst der berühmte Gelehrte Laurentius Valla um's Jahr 1440 öffentlich Einspruch dagegen, daß das sog. apostolische Bekenntnis von den Aposteln herrühre, indem ihn wohl seine Bekanntschaft mit den Griechen zuerst zu Zweifeln veranlaßte und seine umfassenden Forschungen in der Kirchengeschichte, wohl aber auch der Inhalt des Bekenntnisses ihn zu der Ueberzeugung von seiner Unechtheit führten. Er wurde deshalb von der Inquisition in Neapel angeklagt und entging der Strafe nur durch Widerruf und infolge der Beschützung durch seinen Gönner, König Alfons von Neapel. Vgl. oben S. 34.

IX.
Beurteilung der alten Bekenntnisse seit der Reformation des 16. Jahrhunderts.

Als man im 16. Jahrhundert in den evangelischen Ländern daran ging, eine eigene neue Gottesdienst- und Lehrordnung aufzustellen, mußte man sich auch darüber schlüssig machen, welche Bedeutung den alten Bekenntnissen beizulegen sei. In dieser Hinsicht war es nun von Wichtigkeit, daß im Jahre 1522 zu Straßburg ein Abschnitt der Schrift des Laurentius Valla, worin er seine Zweifel an der Echtheit des Bekenntnisses der Apostel auseinandergesetzt hatte, zum erstenmal im Druck erschien.[29]) Viele Menschen wurden dadurch aufmerksam gemacht und auch die evangelischen Brüder verheimlichten jetzt ihre Auffassung nicht mehr. Ludwig Hätzer, einer ihrer Führer, der den Verleumdungen der Gegner im Jahre 1529 zum Opfer gefallen ist, erklärte: in den heiligen Büchern finde sich eine Unterscheidung von „drei Personen" und die Angabe von einer „Wesensgleichheit" derselben nicht.[30])

Die Böhmischen Brüder freilich haben sich zu Anfang des 16. Jahrhunderts durch die schweren, über sie hereinbrechenden Verfolgungen genötigt gesehen, das apostolische Bekenntnis in ihre Katechismen aufzunehmen.[31])

Die Reformationsordnung für die Landgrafschaft Hessen, welche in Uebereinstimmung mit den auf der Synode zu Homberg im Oktober 1526 gebilligten Grundsätzen ausgearbeitet worden ist, erklärt die Worte Christi für die Grundlage der Glaubensordnung (§ 13 und 106), erst in zweiter Reihe Aussprüche der Apostel. Von dem Nicänischen, dem sog. apostolischen und dem Athanasischen Bekenntnis ist in der ganzen Ordnung mit keiner Silbe die Rede, weil die Synode und ihr Ausschuß sie für Menschen-Satzungen hielten, Menschen-Satzungen aber nicht in Betracht kämen. Haupturheber dieser Reformationsordnung war Lambert von Avignon, welcher in den meisten Punkten wie die Waldenser dachte, und von 1524—1526 in Straßburg gelebt hatte.

Aber auch die übrigen älteren evangelischen Kirchenordnungen nehmen auf die Bekenntnisse keine Rücksicht; ja sogar die auf der Zusammenkunft zu Schwabach im Oktober 1529 von Luther vorgelegten Glaubensartikel, die in Hauptpunkten Vorläufer der Augsburgischen Konfession sind, enthalten kein Wort vom Nicänischen oder apostolischen Glaubensbekenntnis, sondern gründen die Lehre von Gott, Christus und dem heiligen Geist lediglich auf Stellen des Neuen Testaments.

Aber Luther nahm im Jahre 1529 in seinen großen und kleinen Katechismus das apostolische Glaubensbekenntnis in deutscher Uebersetzung auf, zwar ohne es ausdrücklich als von den Aposteln herrührend zu bezeichnen, aber in der sicheren Voraussetzung eines solchen Ursprungs. Die Worte „niedergestiegen ins Unterirdische" oder „zu den Unterirdischen" übersetzt Luther: „niedergefahren zur Höllen", verwendet also ein Wort des germanischen Götterglaubens, welches er in seinen sonstigen Schriften verwendet für den Ort der Qual, des ewigen Feuers für die Bösen. Diese Uebersetzung ist aufs Entschiedenste zu verwerfen. Auffallend bleibt, daß Luther in seinen Erklärungen zu dem Artikel gänzlich darüber schweigt, was unter den Worten „niedergefahren zur Hölle" zu verstehen sei!

Die Worte des Apostolikums: „ich glaube an die heilige katholische Kirche", hat Luther geändert in: „ich glaube ... eine christliche Kirche", welchem Beispiel Melanchthon in der Augsburger Konfession von 1530 Art. 7 und 8 mit Zustimmung Luthers gefolgt ist.

Zur Rechtfertigung dieser Aenderung kann man nicht geltend machen, daß einzelne Handschriften des apostolischen Bekenntnisses aus dem Mittelalter das Wort ecclesia christiana statt ecclesia catholica haben; weder Luther noch Melanchthon sagen, daß sie diese Handschriften gekannt und für richtiger gehalten hätten, und Melanchthon gesteht in seiner Verteidigung (Apologie) der Konfession ausdrücklich zu, daß im „heiligen Symbol", d. h. im apostolischen Symbol, eine „katholische oder gemeine" Kirche gelehrt werde, und ich behaupte bis zum Beweis des Gegenteils, daß zu Luthers Zeit in der ganzen römischen Kirche das apostolische Bekenntnis nicht in der Fassung in Gebrauch war, wie es Luther gibt. Luther und Melanchthon haben geändert, weil sie einsahen, daß die Protestanten sich zu der katholischen (allgemeinen) Kirche des Papsttums und der Orientalen nicht rechnen konnten und nicht rechnen wollten. Sie waren ja von dem Oberhaupt der römischen Kirche, welcher die weitaus größte Zahl der Christen angehörte, feierlich ausgestoßen worden, und den Protestanten drohte überall Verbannung oder der Scheiterhaufen; Luther pflegte den Papst ganz gewöhnlich den Antichrist oder Teufel zu nennen; da wäre es von seinen Anhängern zu viel verlangt gewesen, den Glauben an die „katholische" Kirche zu fordern.

Die Worte „Gemeinschaft der Heiligen" hat Luther unverändert gelassen, dann aber bei den hinzugefügten Erklärungen das Wort „Gemeinschaft" in „Gemeine" geändert und das ausführlich gerechtfertigt, und zwar in höchst merkwürdiger Weise! Das Wort ecclesia catholica bedeute eine „allgemeine Versammlung", und es sei eigentlich unpassend und zu Mißverständnissen führend, zu übersetzen allgemeine „Kirche"; die heilige allgemeine Versammlung sei also soviel wie die allgemeine Christenheit; der Zusatz communio sanctorum sei „nichts anderes, denn eine Glosse oder Auslegung, wodurch Jemand habe deuten wollen, was die christliche Kirche bedeute"; diese Glosse sei vor Zeiten nicht dabei gewesen. Luther wußte ganz gut, daß das Konstantinopolitanische Bekenntnis den Zusatz nicht hat, vielleicht wußte er auch, daß er bei Rufinus und Anderen fehlt, er erklärt ihn für eine Glosse, die „Jemand" gemacht hat, er hält also diese Glosse nicht als etwas von den Aposteln Herrührendes! Ich frage: was sagen dazu Diejenigen, welche uns nötigen, diese Glosse auch nachzuplappern? Und wie wollen Sie uns verwehren, ebenfalls Kritik an diesem sog. apostolischen Werk zu üben, ebenfalls Glossen darin zu wittern? Was Luther durfte, dürfen wir auch.

Luther erklärt übrigens die Worte „Gemeinschaft der Heiligen" nicht bloß für unecht, sondern sucht ihnen auch eine abschwächende Auslegung zu geben; er meint, die „Heiligen" seien die „Gläubigen", die durch den heiligen Geist zu Einem Glauben und Einer Liebe verbunden seien „ohne Rotten und Spaltung" (!). Man sieht, den Begriff einer gebietenden heiligen Kirche will er keineswegs fallen lassen; nur versteht er darunter weder die päpstliche Kirche noch die Rotten wie Zwinglianer, Karlstadtianer, Täufer u. s. w., sondern die von ihm selbst aufgebaute allein wahre Kirche.

Die Worte „Auferstehung des Fleisches" gefallen Luther nicht; er sagt: „Daß aber hie steht ‚Auferstehung des Fleisches', ist auch nicht wohl Deutsch geredet. Denn wo wir Deutschen Fleisch hören, denken wir nicht weiter denn an die Schärren (die Fleischbänke der Metzger). Auf recht Deutsch würden wir also reden: „Auferstehung des Leibes oder Leichnams: Doch liegt nicht große Macht daran, so man die Worte recht versteht." Allein Luther hat nicht gewagt, in seiner vorangestellten Uebersetzung anders zu verdeutschen, als "Auferstehung des Fleisches", weil sich die lateinischen Worte "carnis resurrectionom" nicht anders übersetzen lassen; seine ganze Einwendung ist von der Sache selbst hergenommen; sein guter deutscher Verstand sagte sich, daß Auferstehung des Fleisches eigentlich ein ganz unpassender Ausdruck sei; aber er hütet sich zu sagen, wie man die Worte "recht zu verstehen" habe.

Auch an dieser Stelle ist Akt zu nehmen von der Thatsache, daß Luther Ausdrücke, welche nach seiner Meinung das ganze Kollegium der 12. Apostel einstimmig nach Eingebung des heiligen Geistes festgestellt hat, zu kritisieren und nach eignem Gefallen zu deuten unternommen hat.

Von den übrigen Bekenntnissen, dem von Nicäa-Konstantinopel und dem des Athanasius, schweigt der große Katechismus von 1529 gänzlich. (!)

Ein merkwürdiges Verfahren schlug bei Abfassung der Augsburgischen Konfession vom 25. Juni 1530 Melanchthon ein, übrigens mit Billigung Luthers, indem er in Artikel 1 voranstellt, daß die lutherische Religionspartei über Gott und seine Dreiheit ebenso lehre, wie das Nicänische Konzil beschlossen habe, in Artikel 3 dann aber bekundet, daß sie über den Sohn Gottes und über die übrigen Punkte (also über den heiligen Geist und die heilige Kirche) lehre wie das Symbolum Apostolorum, und nicht wie das Nicänische Konzil. Heißt das nicht beide Bekenntnisse gegeneinander in's Feld führen, und ihnen beiden das Urteil sprechen? Ferner: wie können sich Christen, die sich evangelische Christen nennen, beikommen lassen, einer Bischofs-Versammlung die Befugnis zuzugestehen, an einem von den Aposteln selbst aufgesetzten Bekenntnis, welches gerade die wichtigsten aller Lehren betrifft, ein Wort zu ändern, und wäre es auch nur zur erklärenden Auslegung? Melanchthon, der ja in Augsburg aus Furchtsamkeit und aus falscher Beurteilung der Absichten der Papisten zu sehr weitgehendem Nachgeben bereit war, wollte offenbar den auf dem Reichstag anwesenden

Bischöfen einen Beweis liefern, daß die Lutheraner die Gewalt der allgemeinen Konzilien anerkennten, wenn auch freilich der folgende Inhalt der Konfession die Bischöfe lediglich den „Pfarrherrn" gleichstellt und ihnen die Befugnis abspricht, Etwas wider Gottes Wort zu befehlen. Die katholische Partei erklärte sich in ihrer Widerlegung (Confutatio) der Konfession sehr anerkennend über den Inhalt des ersten Artikels; er stimme ganz mit der Regel des Glaubens und der römischen Kirche überein. „Denn das Nicänische Konzilium ist immer für ein hochheiliges gehalten worden".

Des Athanasischen Bekenntnisses geschieht in der Konfession keine Erwähnung, man sucht auch in der von Melanchthon verfaßten ausführlichen Verteibigung (Apologie) der Konfession umsonst nach einer genaueren Erläuterung hinsichtlich des Verhältnisses der verschiedenen alten Bekenntnisse.

Die vier Städte Straßburg, Konstanz, Lindau, Memmingen erklärten in ihrem besonderen in Augsburg übergebenen Bekenntnis (der sog. Tetrapolitana): man lehre bei ihnen, was in der heiligen Schrift gegründet sei, und teilten hierauf den Inhalt des apostolischen Bekenntnisses wörtlich mit, ohne es indessen beim Namen zu nennen, am Schluß hinzufügend, daß sie es demnach hierin „nicht anders halten, als die heiligen Väter und gemeiner Verstand der Christenheit gehalten haben". Zwingli verfaßte ebenfalls ein Bekenntnis, ließ es in lateinischer Sprache mit dem Datum des 3. Juli 1530 in Zürich drucken und sendete es dem Kaiser Karl V nach Augsburg. Darin heißt es: „Ich glaube und weiß — — — daß Vater, Sohn und heiliger Geist zwar drei Personen sind, aber das Wesen derselben nur Eines und ein einfaches. Und ich denke im Einzelnen über die Gottheit und über die drei Namen oder Personen gänzlich nach der Auseinandersetzung sowohl des Nicänischen als des Athanasischen Bekenntnisses"[32]). Vom Bekenntnis der Apostel sagt Zwingli kein Wort. Er fügt sodann eine eigene lange Auseinandersetzung darüber bei, in welcher Weise bei Christus die göttliche und menschliche Natur verbunden gewesen seien, eine Auseinandersetzung, die wichtig ist auch für die Auffassung von der Auferstehung (über welche Zwingli ganz schweigt) und des Abendmahls, die er genau darlegt.

Kaspar v. Schwenckfeld in seinem Katechismus 1531 beantwortet gleich im Anfang die Frage: „Was von Christo zu glauben sei?" ziemlich in den Worten, wie sie das sog. Bekenntnis der Apostel bietet, bemerkt dann, daß diese Wahrheit im Alten Testament verheißen, durch Christum ausgerichtet und im Evangelium öffentlich verkündet werde u. s. w. „Hierher — fährt Schwenckfeld fort — gehören nun die 12 Artikel des gemeinen christlichen Glaubens, die muß man wohl bedenken, auch in allen Stücken recht verstehen lernen (!) und vornehmlich, warum Christus in's Fleisch gekommen ist". Er teilt aber die Artikel nirgends mit, kommt auch im ganzen Katechismus nirgends darauf zu reden. Dreißig Jahre später, in seiner „Deutschen Theologia" 1562, Blatt 61—67, teilt er „die zwölf Artikel des Glaubens" mit, ohne sie als von den Aposteln herrührend zu bezeichnen, und giebt kurze Erklärungen dazu, bei einigen aber nur Fragen.

Im Jahre 1532 veröffentlichte Erasmus von Rotterdam eine lateinische Schrift: „Helle und fromme Auslegung des Glaubensbekenntnisses welches das der Apostel genannt wird und der Vorschriften der zehn Gebote", welche das größte Aufsehen erregte, sobaß binnen zwei Jahren 9 weitere Auflagen nötig wurden.[33]) Die Schrift ist in die Form einer Unterhaltung zwischen Schüler (Katechumenus) und Lehrer (Katechista) gekleidet und wird daher auch wohl als Katechismus angeführt. Der Schüler thut die Fragen, der Lehrer antwortet, und es gibt das die Möglichkeit, viele Zweifel zur Sprache zu bringen, die Erasmus auf andere Weise nicht ohne Gefahr hätte anregen können. Nicht auf alle Fragen erhält der Schüler eine Antwort, nicht alle seine Einwände finden eine Widerlegung, sondern mehrfach begnügt sich der Lehrer, die Einwände damit niederzuschlagen, daß „die Kirche", ecclesia, eine Lehre billige oder verwerfe.

Schon der Titel „sogenanntes" Bekenntnis der Apostel deutet darauf hin, daß Erasmus das Bekenntnis nicht als von den Aposteln herrührend betrachtet, und seine Ausführungen bestätigen dies, indem sie hervorheben: es seien Bekenntnisse in den Werken des Cyprianus, Augustinus, Rufinus u. s. w. überliefert, welche einen kürzeren Wortlaut hätten; diese Kirchenväter müßten also den ausführlicheren Wortlaut nicht gekannt haben, woraus sich die Folgerung ergebe, daß letzterer Zusätze enthalte, die erst nach dem Jahr 400 hineingekommen seien. Daß die kürzeren Fassungen von den Aposteln herrührten, wird von ihm, soviel ich bis jetzt habe finden können, weder behauptet noch bestritten. Hierbei ist die Thatsache zu beachten, daß Erasmus mit den Schriften des Laurentius Valla, folglich auch mit dessen Zweifeln genau bekannt war.

Erasmus begnügt sich aber nicht hiermit, sondern stellt bei den einzelnen Artikeln sehr ausführliche Betrachtungen an, welche in verhüllter Form entschieden häretische Ansichten in sich schließen, und zwar sowohl über die Gottheit Christi und den heiligen Geist, sowie über das Papsttum, welches eigentlich totgeschwiegen wird. Und dergleichen wagte ein Mann zu schreiben, der in Freiburg im Breisgau mitten unter Mönchen und Anhängern des Papsttums, unter der Herrschaft des katholischen Königs Ferdinand von Österreich lebte! Man wähne nicht, die Päpste hätten die Tragweite der Schrift nicht erkannt; sie durchschauten sie alsbald; die theologische Fakultät zu Paris, in welcher die Dominikaner die Oberhand hatten, sprach einen sehr entschiedenen Tadel gegen ihn aus; allein der damalige Papst Klemens VII. bewahrte Erasmus seine bisherige Gunst, legte den Gegnern Schweigen auf und stellte dem Druck und der Verbreitung der Schrift keinerlei Hemmnis entgegen.

Dafür aber zog nun Luther die Schrift vor sein Strafgericht. Luther hatte eben erst das Bekenntnis in fast allen Teilen als ein Werk der Apostel zum Mittelpunkt der Glaubenslehre gemacht und Erklärungen beigefügt; nun sollte die ganze Grundlage des Glaubens unsicher sein; am meisten aber verdrossen Luther die freien Ansichten, die Erasmus hatte einfließen lassen; hatte er den Erasmus früher schon bei dem Streit über den „freien Willen" gröblich herunterzumachen begonnen, so verabscheute er ihn nun als Freigeist, als Rottengeist.³⁴)

Im Jahre 1537 gewann es den Anschein, als wenn der Papst Paul III. dem Verlangen des Kaisers nachgeben und ein allgemeines Konzilium zur Beilegung der Religionsspaltung berufen werde, und es erschien daher den Lutheranern geboten, sich über das gegenüber einem solchen Konzil zu beobachtende Verhalten, da die Augsburgische Konfession die Gewalt der Bischöfe und Konzilien immerhin noch in weitem Umfang anerkannt hatte, zu verständigen. Auf Einladung von Kursachsen versammelten sich also im Monat Februar 1537 zu Schmalkalden in Thüringen 44 hervorragende Theologen und Superintendenten (die man jetzt als die wahren Bischöfe hinzustellen begann) aus ganz Deutschland und setzten unter Führung von Luther eine Reihe von Sätzen oder Artikeln auf, worin sie nicht bloß die Gewalt des Papstes ausdrücklich leugneten, was in der Augsburgischen Konfession mit ausdrücklichen Worten nicht geschehen war, sondern auch die Erklärungen der Augsburgischen Konfession über die Gewalt der Bischöfe und der Konzilien gänzlich umänderten. Als erster Teil sind vier kurze Sätze vorangestellt, in deren drittem die Lehre enthalten ist, daß der heilige Geist vom Vater und vom Sohne ausgehe; der vierte Satz gibt über den Sohn den Wortlaut des apostolischen Bekenntnisses wieder und schließt mit den Worten: „wie der Apostel, item St. Athanasii Symbolum und der gemeine Kinder-Katechismus lehret."

Luther und die zu Schmalkalden versammelten Theologen hielten hiernach unverrückt an der Annahme fest, daß das Bekenntnis der Apostel wirklich von den Aposteln herrühre; sie legten also der Beweisführung des Erasmus, dem Luther längst im tiefsten Herzen abgeneigt war, keinerlei Bedeutung bei; sie erklärten aber zugleich das für maßgebend, was der gemeine Kinderkatechismus, also Luthers Katechismus, darüber sage, sie hießen also sowohl Luthers Abänderungen am Wortlaut, wie seine Erklärungen gut; die meisten dieser Theologen fühlten sich mit denselben Vollmachten ausgestattet wie die katholischen Bischöfe auf den Konzilien.

Des Nicänisch-Konstantinopolitanischen Bekenntnisses thun die Schmalkaldischen Artikel nirgends Erwähnung; der in ihnen vorgetragene Satz, daß der heil. Geist vom Vater und vom Sohn ausgehe, ließ sich auch aus dem angezogenen Athanasischen Bekenntnis begründen.

Im Jahre 1538 gab Luther „die drei Symbola oder Bekenntnisse des christlichen Glaubens" in deutscher Uebersetzung mit kurzen Erklärungen im Druck heraus, um zu bezeugen, „daß er es mit der rechten christlichen Kirche halte".[35]) „Das erste Symbolum, der Apostel, ist das allerfeinste, das kurz und richtig die Artikel des Glaubens gar fein faßt und auch den Kindern und Albern leichtlich zu lernen ist; das andere, St. Athanasii, ist länger ....; das dritte Symbolum soll St. Augustini und Ambrosii und nach St. Augustini Taufe gesungen sein. Das sei also, oder nicht, so ist's ohne Schaden, ob man's glaube oder nicht; es ist gleichwohl ein fein Symbolum." — Am Schluß der Schrift heißt es: „Wollen am Ende auch den Nicänischen Glauben (den man Symbolum Nicenum nennt), der auch wider den Arium gestellet ist, wie Athanasii, zu diesen dreien Symbolis setzen, welcher alle Sonntage im Amte (= in der Messe) gesungen wird." Darauf folgt der Wortlaut ohne jede Bemerkung, welcher Wert demselben zukomme.

Die beigefügten Erklärungen sind gänzlich wertlos, ein Haufen von bitteren Worten gegen Papisten und Häretiker.

Im Jahre 1546 trat das allgemeine Konzil der römischen Kirche auf Berufung Pauls III. wirklich in Trient zusammen, und es fanden sich dazu vorzugsweise Bischöfe aus den romanischen Ländern ein. Für ihre erste Aufgabe erachteten es die Väter, gleich in der Sitzung vom 4. Februar 1546, das Glaubensbekenntnis, „dessen sich die römische Kirche bedient", auszusprechen, „hierin den Beispielen der Väter folgend, welche in den heiligen Konzilen im Anfang ihrer Verhandlungen diesen Schild gegen alle Irrlehren (Häresieen) herbeizuholen pflegten, mit welchem allein sie schon zuweilen sowohl Ungläubige zum

Glauben gebracht, die Häretiker niedergekämpft, als auch die Gläubigen bestärkt haben." Hierauf verkündigte es das Glaubensbekenntnis „mit ebensovielen Worten, als es in allen Kirchen gelesen wird"; und welches ist der Wortlaut? Derselbe, wie er in den Jahren 325 und 381 von den Konzilien von Nicäa und Konstantinopel festgestellt war, samt dem päpstlichen Einschiebsel „filioque", nicht der Wortlaut des sog. apostolischen Glaubensbekenntnisses! Diese Thatsache ist merkwürdig, aber durchaus verständlich. Das Ansehen des Papstes reichte nach den damals in der katholischen Welt verbreiteten Ansichten nicht aus, die reformatorischen Gedanken zu dämpfen; ein allgemeines Konzil galt als allein befugt, den wahren Glauben festzustellen; und wenn das richtig sein sollte, mußten natürlich schon die ersten allgemeinen Konzilien diese Befugnis gehabt haben, ihre Beschlüsse also maßgebend sein. Man ließ also, um die oberste Gewalt der Konzilien zu retten, das Apostolicum fallen. Ohne Zweifel hat übrigens dazu auch der Umstand beigetragen, daß bei Beginn des Konzils die Mehrheit der erschienenen Bischöfe der Meinung anhing, daß das Konzil über dem Papst stehe; ferner daß des Erasmus Schrift, welche den apostolischen Ursprung des den Aposteln zugeschriebenen Bekenntnisses leugnet, seit zwölf Jahren durch zahlreiche Auflagen in der ganzen Welt verbreitet worden war, und Päpste und Bischöfe den Erasmus als einen Parteigänger Roms betrachteten, der den Häretiker Martin Luther widerlegt habe.

Das Nicänische Glaubensbekenntnis betrachtete man einmal wegen seines Ursprungs, aber auch wegen seines Inhalts als eine Waffe gegen die Protestanten, gerade so, wie es das Nicänische Konzil als Waffe gegen die Häretiker geschmiedet hatte. Ganz mit Recht. Nach dem Bekenntnis gibt es nur „Eine" heilige, katholische und apostolische Kirche; von dieser hatten sich die Protestanten losgesagt, oder, wie sich manche von ihnen ausdrückten, die Protestanten wollten die wahre Kirche sein und die römische und griechische Kirche weder als heilig, noch katholisch, noch apostolisch anerkennen; sie hatten sich damit der schwersten aller Häresieen schuldig gemacht und wurden durch den Trienter Beschluß derselben für schuldig erklärt.

Ein Recht, sich gegenüber dem Beschluß eines allgemeinen Konziliums noch auf die Bibel zu berufen, wurde nicht anerkannt; der Beschluß lautet unbedingt.

Gegen Ende seiner Beratungen beschloß das Trienter Konzil, daß alle Kleriker, alle Lehrer u. s. w. auf die Annahme und Befolgung der heiligen Canones zu beeidigen seien, und die demgemäß von Papst Pius IV. im Jahre 1564 verkündigte Professio fidei nimmt das als das „Nicänische" bezeichnete Glaubensbekenntnis seinem ganzen Wortlaut nach auf, und nennt die neuen Beschlüsse gleichverbindlich.

Allein schon der folgende Papst, Pius V., seit 7. Januar 1566, verstand es die päpstliche Oberherrlichkeit über die Konzilien auf einem Umweg wieder zur Geltung zu bringen; in dem römischen Katechismus (Catechismus Romanus), den er im Jahre 1566 herausgab, ist im ersten Buch das apostolische Glaubensbekenntnis aufgenommen und keine Sylbe vom Nicänischen gesagt. (!) Es wiederholte sich also im 16. Jahrhundert dasselbe Spiel, welches schon im 6. Jahrhundert aufgeführt worden war. (Vgl. oben S. 21.) In § 18 ist dazu bemerkt: „Die Apostel haben dieses von ihnen zusammengestellte Bekenntnis des christlichen Glaubens und der christlichen Hoffnung Symbolum genannt, sei es, weil es aus verschiedenen Aussprüchen, welche die Einzelnen zum Ganzen beitrugen, zusammengesetzt ist, sei es, weil sie sich desselben als eines Erkennungszeichens und einer Art Losung bedienten, wodurch sie die verlassenen und die eingeschmuggelten falschen Brüder, welche das Evangelium verfälschten, leicht unterscheiden könnten von denen, welche sich in Wahrheit zum Streite für Christus eidlich verpflichteten."

Die kleine Zahl von Theologen der französischen Reformierten, welche im Jahre 1559 sich als Synode aufspielte und feierlich ein Glaubensbekenntnis aufstellte, erklärte die Schriften des Neuen und Alten Testaments (die apokryphischen ausgenommen) für Grundlage des Glaubens, welchen weder altes

Herkommen noch Dekrete von Konzilien entgegengesetzt werden dürften. „Demnach — heißt es dann — erkennen wir auch die drei Symbole an, nämlich das der Apostel, das von Nicäa und das des Athanasius, weil sie mit dem Worte Gottes übereinstimmen."

Die von den rechtgläubigen lutherischen Theologen gegenüber den Reformierten im Jahre 1577 abgefaßte und von den meisten lutherischen Fürsten und Städten zum Staatsgesetz erhobene Konkordienformel besagt über die Frage:

„Wir glauben, lehren und bekennen, daß die einige Regel und Richtschnur, nach welcher zugleich alle Lehren und Lehrer gerichtet und geurteilet werden sollen, seien allein die Prophetischen und Apostolischen Schriften, altes und neues Testaments." „Andere Schriften aber, der alten und neuen Lehrer, wie sie Namen haben, sollen der heiligen Schrift nicht gleich gehalten, sondern allezumal mit einander derselben unterworfen, und anders oder weiter nicht angenommen werden, denn als Zeugen, welcher Gestalt nach der Apostel Zeit, und an welchen Orten solche Lehre der Propheten und Apostel erhalten worden." — Welche Schriften von den Aposteln herrühren, wird nicht genau angegeben, ebensowenig die Namen der Propheten, ob darunter auch etwa z. B. Moses mitverstanden sei; noch weniger erhält man Auskunft über das Verhältnis der apostolischen und prophetischen Schriften.

Ein zweiter Satz lautet:

„Und nachdem gleich nach der Apostel Zeit, auch noch bei ihrem Leben, falsche Lehrer und Ketzer eingerissen, und wider dieselbige in der ersten Kirchen Symbola, das ist kurze runde Bekenntnissen gestellet, welche für den einhelligen, allgemeinen christlichen Glauben und Bekenntnis der rechtgläubigen und wahrhaftigen Kirchen gehalten, als nämlich, das Symbolum Apostolicum, Symbolum Nicaenum und Symbolum Athanasii. Bekennen wir uns zu denselben, und verwerfen hiermit alle Ketzereien und Lehre, so denselben zuwider in die Kirche Gottes eingeführet worden sind."

Auch in der Folgezeit ist es noch lange die Auffassung der Lutheraner geblieben, daß das Apostolikum von den Aposteln selbst gegeben worden sei; so heißt es z. B. in der Polizeiordnung für die Grafschaften Solms-Laubach und Solms-Röbelheim vom 26. Oktober 1603 § 7:

„Die zehen Gebott seindt von Gott so hoch geachtet worden, daß er sie selbsten seiner Kirchen auf dem Berg Sinai fürgesprochen hat; so hat unser Herr Christus auch selbst das Vatter Unser zu bethen gelehret; den christlichen Glauben, Symbolum Apostolicum genannt, fürnehmlich die Artikel von dem Sohn Gottes, unserm Herrn Jesu Christo, hat der heilige Petrus mit gegenwärtiger Kundschaft anderer seiner Mit-Aposteln (!) auf dem Pfingsttag, da sie allerersit den hl. Geist empfangen hatten, geprediget."

Wer etwa anderer Meinung war, hielt den Mund, da er sonst als Ungläubiger aus dem Lande gestäupt worden wäre.

Die Täufer allerdings hielten ihren Widerspruch länger aufrecht; im Jahre 1578 erklärten sie bei dem Religionsgespräch zu Emden: „Wir sind zu blöde, drei selbständige Personen zu bekennen, weil wir Solches in der Schrift nicht finden" und noch im Jahre 1626 setzten sie in ihre Kirchenordnung: „Die Worte: ‚Ein Wesen', ‚Dreifaltigkeit' und ‚drei Personen', so von den Alten vorhin erdacht worden, vermeiden wir, weil die Schrift dieselben nicht kennt." Freilich lautete es dann schon 1630 in dem Bekenntnis der „Vereinigten Hochdeutschen und Friesen" anders, wohl aus Gründen äußerer zwingender Notwendigkeit.[86])

In allen protestantischen Kirchen waren, soviel bis jetzt ermittelt werden konnte, die Angriffe des Erasmus auf das Apostolikum in Vergessenheit geraten; die Welt fühlte sich wieder ganz sicher im Besitz einer so bestimmten von den Aposteln gegebenen Richtschnur des Glaubens, und da dieser Glaube staatsgesetzlich gegen jede Anfechtung geschützt war, mußten die Zweifler schweigen. In Einem Lande jedoch, wo es nach heftigen Verfolgungen durch die orthodox-calvinische Partei zuerst etwas mehr Religionsfreiheit gab, in der Republik der Vereinigten Niederlande, nahm gegen die Mitte des 17. Jahrhunderts ein hervorragender Gelehrter, ein Deutscher, der zu

Heidelberg im Jahre 1577 geborene Gerhard Johann Voß (Vossius) die Verhandlung über die Frage wieder auf. Daß er bereits in den Jahren 1614—1619 als Professor am Staaten-Kollegium in Leiden gegen die orthodoxen Lehren in die Schranken getreten ist, ergibt sich aus der Thatsache seiner Verdrängung aus dem Lehrstuhl, worauf er nur Lehrer der Geschichte, griechischen Litteratur und Beredsamkeit bleiben durfte. Aber 1632 wurde er von der Stadt Amsterdam an ihre neu errichtete Hochschule, das Athenäum, berufen, und konnte sich dort freier bewegen; wohl auf seine Veranlassung erschien im Jahr 1641 zu Leiden ein neuer Abdruck der Schrift des Erasmus über das apostolische Bekenntnis, der erste wieder seit hundert Jahren, und mit einem vorsichtiger abgefaßten Titel[37]), und Voß schrieb selbst eine Abhandlung über die drei Glaubensbekenntnisse, das apostolische, Athanasische und Konstantinopolitanische[38]), welche erst nach seinem im Jahre 1649 erfolgten Tode zu Druck gelangt zu sein scheint und 1662 in zweiter Auflage zu Amsterdam erschien. Darin zeigt er mit Hülfe einer ausgebreiteten Gelehrsamkeit, wie diese Bekenntnisse entstanden sind und erklärt die beiden ersteren ohne Rückhalt für Fälschungen Roms. Seine Sätze sind kurz und allgemein verständlich gefaßt und die Beweise ebenso übersichtlich in kleinerem Druck jedem Satze beigefügt. Was andere Schriftsteller nach ihm in ähnlichem Sinne gesagt haben, ruht entweder auf seinen Beweisen oder ist nur furchtsame Abschwächung seiner Sätze.[39])

Nur sehr langsam konnte die Kunde von diesen Sätzen des Vossius in weitere Kreise bringen, weil die überall herrschende strenge Bücher-Censur die Verbreitung seiner Schrift verhinderte und ein rückhaltloses Eintreten für die Wahrheit jedem öffentlichen Lehrer unfehlbar sein Amt gekostet haben würde. Erst in der zweiten Hälfte des 18. Jahrhunderts, nachdem der große König für die Wissenschaft freiere Bahnen eröffnet hatte, wagten sich Einzelne mehr hervor, freilich nicht Theologen, aber doch öffentliche Lehrer der Geschichte. An ihrer Spitze ist Johann Matthias Schroeckh, Professor der Geschichte an der Universität Wittenberg, also im ganz lutherischen Kursachsen, zu nennen, der in seiner großartigen, unerreichten „Christlichen Kirchengeschichte", unter Bezugnahme auf Erasmus, Vossius und andere Schriftsteller unumwunden das apostolische Bekenntnis für ein Erzeugnis frühestens des 5. Jahrhunderts erklärte.[40]) Nicht wenige Landesregierungen, auf deren Machtgeboten bisher die fortdauernde Geltung des Apostolikums beruht hatte, zogen aus den neuen Aufklärungen des Sachverhalts den richtigen Schluß, die Verpflichtung der Prediger und Lehrer auf das Apostolikum fallen zu lassen und Geistlichen und Laien Freiheit zu gewähren, sich mit kunstreichen theologischen Lehrsätzen einer grauen Vergangenheit nach eignem Vermögen abzufinden. Jetzt stehen wir am Ende des 19. Jahrhunderts und unter dem Einfluß äußerer Macht, sowie unter Mithülfe von Synoden, welche Partei-Vertretungen geworden sind, scheinen wir zurückzusteuern in das Dunkel des 16. und 17. Jahrhunderts; ja es durfte an einem feierlichen Gedenktag der Reformation ein Geistlicher das gefälschte apostolische Bekenntnis als das die ganze Christenheit noch zusammenhaltende Band feiern, während hundert Millionen griechischer Christen, sowie viele Millionen von Protestanten dieses Bekenntnis als Fälschung zurückweisen, und in der römischen Kirche zwar der Papst daran festhält, das Konzil von Trient aber das in Nicäa-Konstantinopel beschlossene Bekenntnis für das verbindliche erklärt hat.

Rückwärts steuern heißt aber, sich in den Zeiten irren! Es bricht das zwanzigste Jahrhundert an, in welchem der deutsche Geist, nachdem er von den Anstrengungen zur Erreichung der Einheit des Vaterlandes mehr ausruhen darf, sich Fragen der Religion und Wissenschaft mit verjüngter Kraft zuwenden und die Wahrheit ein gut Stück weiter bringen wird.

Tübingen am 19. April 1898.

Anhang I.

Der I. Petrusbrief über Christi Hinabsteigen zu den Geistern im Gefängnis, über die Wasserfluth zur Zeit Noah's und über die Taufe.

Die bereits oben beim apostolischen Bekenntnis S. 25 angezogenen Stellen lauten folgendermaßen: Kap. 3, 17—22:

„Denn es ist besser, so es Gottes Wille will, daß wir Gutes thuend leiden als Böses thuend; wie ja auch Christus Einmal um der Sünden willen gelitten hat[1]), der gerechte für die ungerechten, auf daß er uns zu Gott hinführte, getötet im Fleische, aber lebendig gemacht im Geist, in welchem er auch hinging und den Geistern im Gefängnis Botschaft brachte, die einst ungehorsam gewesen sind, als die Langmut Gottes zuwartete in den Tagen Noah's, als der hölzerne Kasten gemacht wurde, in welchen hinein wenige, nämlich acht Seelen, gerettet wurden durch Wasser, welches in widerbildlicher Weise nun auch euch errettet als Taufe, nicht das Abthun des Schmutzes am Fleisch, sondern des guten Gewissens Anfrage bei Gott, durch die Auferstehung Jesu Christi, welcher ist zur Rechten Gottes, hingegangen in den Himmel, und es sind ihm untergeben die Engel und die Gewalten und Kräfte."[2])

---

[1]) Der alte Codex Alexandrinus im Brit. Museum hat anders: „wie ja auch Christus Einmal um der Sünden willen für euch gestorben ist."

[2]) Bei dieser Stelle heißt es auch: so viele Ausleger, so viele verschiedene Auslegungen. Die Lateinische Uebersetzung der römischen Kirche (Vulgata) hat in 3, 18: ut nos offerret Deo, was Luther verkehrt wiedergibt mit „auf daß er uns Gott opferte"; denn wenn auch das Lateinische offerre neben barbieten, darbringen, hinführen, auch Opfer bringen heißt, so hat doch das letztere hier keinen Sinn, und das aus dem Lateinischen entstandene deutsche Wort „opfern" darf hier nicht verwendet werden, weil es nur im Sinn von „Opfer bringen" bei uns üblich ist. Schon Erasmus übersetzte

I, 4, 4—6: „Das befremdet sie, daß Ihr nicht mitlauft in die gleiche Ausgelassenheit des Schwelgens, und sie lästern; sie werden Rede stehen dem, der sich bereit hält zu richten die

im Jahre 1516 richtig „ut nos adduceret Deo" und ebenso haben alle neueren Uebersetzer.

In Vers 20 hat die Vulgata „qui increduli fuerant", Luther dem folgend „welche nicht gläubeten", ebenso de Wette, „welche ungläubig waren"; allein der griechische Urtext rechtfertigt das nicht, sondern nur „welche ungehorsam waren", wie auch schon Erasmus 1516 übersetzte „qui inobedientes fuerant"; der Unterschied ist keineswegs gleichgültig; wer wie die römische Kirche und Luther die Seligkeit vom „Glauben" abhängig macht, wünscht in der Stelle eine Bestätigung dafür zu finden, daß die Menschen zur Zeit Noahs wegen ihres Unglaubens ersäuft worden sind.

Bei der Stelle, welche die große Wassersflut zu Noahs Zeiten als das von Gott selbst hingestellte Vorbild der späteren christlichen Taufe bezeichnet, haben die Uebersetzer sich von jeher bemüht, nicht zu übersetzen, sondern zu deuten, um das Auffallende der Vergleichung zu mildern. Der griechische Urtext hat: διεσώθησαν δι ὕδατος; ὅ καὶ ἡμᾶς (oder ὑμᾶς) ἀντίτυπον νῦν σώζει βάπτισμα; die Vulgata gibt dafür salvae factae sunt per aquam; quod et vos nunc similis formae salvos facit baptisma; hier ist also das griechische Wort ὅ, welches sich auf ὕδωρ bezieht, statt mit qua, wie es das lateinische aqua erforderte, mit quod übersetzt, so die Rückbeziehung verlassen und ein Zusammenhang mit dem folgenden baptisma hergestellt, freilich in einer der Lateinischen Sprache unmöglichen Stellung. Erasmus erlaubte sich im Jahre 1516 ebenfalls eine Aenderung, die aber doch wenigstens ein besseres Lateinisch anwendet: per aquam, cuius figurae nunc respondens baptismus, nos quoque saluos reddit.

Zunächst ist festzustellen, daß der griechische Urtext διὰ ὕδατος hat, nicht διὰ τοῦ ὕδατος, weshalb der deutsche Uebersetzer sagen muß „durch Wasser", nicht „durch's Wasser", oder „durch das Wasser" wie Luther, de Wette und Holtzmann haben.

In Vers 21 übersetzt Luther: „welches nun auch uns selig machet in der Taufe, die durch jenes bedeutet ist"; hier wird richtig die Rückbeziehung auf das Wasser gemacht und nur willkürlich statt „als Taufe" gesetzt „in der Taufe"; De Wette: „welches auch uns, als Gegenbild, nun rettet, als Taufe"; Holtzmann: „welches auch euch im Gegenbilde nun rettet, als Taufe". Dagegen verläßt Weizsäcker, wie schon Erasmus, die griechische Anordnung und den griechischen Wortlaut, indem er übersetzt: „wovon das Widerbild, die Taufe, auch euch jetzt errettet", wobei der Sinn des griechischen Textes, daß das Wasser errettet, verloren geht, und unklar wird, von was eigentlich die Taufe das Widerbild sein soll. Wie die Geschichte der Taufe lehrt, hielten die meisten Häretiker das Wasser bei der Taufe für gleichgültig, die Priester-

Lebenden und die Toten. Denn dazu ist auch den Toten gute
Botschaft gebracht worden, damit sie bei den Menschen im
Fleisch gerichtet, doch bei Gott leben im Geist."[1]

Hiernach wäre also mit dem leiblichen Tode Christi eine
„Lebendigmachung im Geiste" verbunden gewesen, ein seltsamer
Begriff, eine Art geistiger Auferstehung vor der körperlichen!
In diesem lebendig gemachten Geist sei er hingegangen und
habe den Geistern im Gefängnis Botschaft gebracht. Wo sich

---

partei aber für ganz unentbehrlich, weil sie die Wassertaufe als Ersatz der
jüdischen Beschneidung hinstellte; die Anwendung des Wassers sollte auf gött-
lichem Gebot beruhen und schon durch die Wassersflut zu Noahs Zeit im
voraus von Gott angedeutet sein. Diese Lehre soll der gefälschte Petrusbrief
bestätigen und darum ist es doppelt notwendig, daß jede Uebersetzung streng
beim Wortlaut stehen bleibe.

Sehr abweichende Auslegungen finden auch die Worte: ἀλλὰ συνειδήσεως
ἀγαθῆς ἐπερώτημα εἰς θεόν. Vulgata: sed conscientiae bonae interro-
gatio in Deum per resurrectionem Jesu Christi. Erasmus mit Veränderung des Satzbaues: (baptismus) quo non carnis sordes abjiciuntur,
sed quo fit, ut bona conscientia bene respondeat apud deum. Luther
„sondern der Bund eines guten Gewissens mit Gott, durch die Auferstehung
Jesu Christi". De Wette: „sondern die Angelobung eines guten Gewissens
gegen Gott, durch die Auferstehung Jesu Christi". Holzmann: (Taufe) „die
nicht Abthun des Unflats am Fleisch, sondern Verlangen zu Gott nach einem
guten Gewissen ist". Weizsäcker: „sondern als Gottesanrufen mit gutem Gewissen durch die Auferstehung Jesu Christi".

[1] Der Schlußsatz von Kap. 4 Vers 6 lautet in den Uebersetzungen:
Vulgata: ut judicentur quidem secundum homines in carne, vivant
autem secundum Deum in spiritu. Luther: „auf daß sie gerichtet werden
nach dem Menschen am Fleisch, aber im Geist Gott leben" (so haben die Drucke
von Luthers Bibelübersetzung seit 1525 und ebenso die Drucke der Auslegung des 1. Briefes
Petri von 1523; in der neuen kritischen Ausgabe von Luthers Werken 12, 367. 1891
sind gegen die ältesten Drucke die Worte „dem Menschen" geändert in „den Menschen",
was an sich schon unzulässig ist, und es doppelt dadurch wird, daß Luther in seinen Ab-
einanderesetzungen des Singularis „dem Menschen" wiederholt und zur Grundlage nimmt.
Richtig Walch 9, 786). De Wette: „auf daß sie zwar gerichtet seien nach
aller (?) Menschen Weise dem Fleische nach, aber leben nach Gottes Weise dem
Geiste nach." Holzmann: „Damit sie auf Menschenweise dem Fleische nach
gerichtet, auf Gottes Weise aber lebendig seien dem Geiste nach." (Holzmann
fügt hinzu: das Gericht sei der Tod gewesen; auf Gottes Weise bedeute „ewig").
Weizsäcker: „damit sie, ob sie auch bei den Menschen im Fleische gerichtet
seien, doch bei Gott im Geiste leben."

dieses Gefängnis oder Gewahrsam, wie man auch übersetzen kann, befinde, sagt der Verfasser nicht, und man muß annehmen, daß ihm darüber nichts bekannt war, da er es sonst gewiß nicht verschwiegen hätte. Ganz bestimmt lautet dagegen seine Angabe dahin, daß Christus denjenigen Menschen, welche zu Noah's Zeit ungehorsam waren und ersäuft wurden, also im Fleische gerichtet wurden, die Botschaft gebracht habe. Von den Menschen vor Noah und von denen nach Noah ist mit keiner Silbe die Rede; auch nicht in der zweiten Stelle Kap. 4, 6; im Gegenteil bestätigt sie die Beschränkung auf die ersäuften Menschen, da nur auf diese paßt, daß sie „im Fleische gerichtet" waren. Der Zweck und Erfolg dieser Botschaft war, daß diese ungehorsamen Menschen nunmehr „bei Gott im Geist lebten". Ob diese Wirkung sofort schon nach einer bloß 72-stündigen Verkündigung der Botschaft eingetreten sei, oder in der allmählichen Weise, wie Christi Predigt bei den Juden, ist unbestimmt gelassen und auch gleichgültig.

Der Brief Petri lehrt also zweierlei; Erstens: in dem Gefängnis befanden sich nur die zu Noah's Zeit Ersäuften, nicht die Menschen vorher und nachher; denn sonst hätte Christus doch gewiß auch diesen gute Botschaft gebracht, da sie doch weniger böse waren als die Ersäuften, die durch ihre bodenlose Schlechtigkeit die unendliche Langmut Gottes erschöpft hatten. Zweitens: Diese Schlechtesten der Schlechten wurden bekehrt und leben seitdem im Geiste bei Gott. Eine wahrhaft erhebende, im höchsten Grade trostreiche Mitteilung.

Sie stimmt freilich ganz und gar nicht zur Lehre der römischen Kirche, wonach alle Ungetauften auf ewig verloren sein sollen! Der Kirchenvater Augustinus, der diese unmenschliche, nur dem Teufel willkommene Lehre mit schonungsloser Härte vertreten hat, mußte sich natürlich an diesen Worten des Apostels Petrus sehr stoßen, und er half sich dadurch aus der Verlegenheit, daß er sie für dunkel, für unverständlich erklärte.[1]

---

[1] So gibt Fröhlich, A., das sog. apostol. Glaubensbekenntnis 1885 S. 25 an; meine Zeit ist mir zu wertvoll, um in den Schriften Augustins die Stelle auszumitteln.

Erasmus in seiner Schrift von 1532 über das sog. apostolische Bekenntnis erklärte ebenfalls (Cath. 4.), daß die Stelle wegen ihrer Dunkelheit keinen Beweis für die Echtheit des sog. apostolischen Bekenntnisses abzugeben vermöge.

Im Jahre 1523 veröffentlichte Luther eine Auslegung der I. Epistel, Petri und äußert zu der Stelle:[1]) „Das ist ein wunderlicher Text und ein finsterer (dunklerer) Spruch, als freilich einer im Neuen Testament ist, daß ich noch nicht gewiß weiß, was St. Peter meint. Aufs erste lauten die Worte also, als habe Christus den Geistern, das ist den Seelen, die vorzeiten sind ungläubig gewesen, da Noah die Arche baute, gepredigt. Das verstehe ich nicht, kann es auch nicht auslegen; es hat es auch noch keiner ausgelegt." Luther versucht allerlei Deutungen, z. B. Christus sei wohl nach (!) seiner Auferstehung in die Hölle hinabgestiegen. Dann wirft er die Frage auf: „Welchen Geistern hat er aber geprediget? Denen, die vorzeiten ungläubig waren?" und meint: hier sei ein Teil fürs Ganze genommen(!); Christus habe nicht bloß den zu Noahs Zeiten Ungläubigen, sondern den Ungläubigen überhaupt gepredigt, und zwar — meint Luther zuletzt — nach seiner Himmelfahrt!!. Auch zu 4, 6—7 sagt er: „Es ist eine wunderliche Rede, was es auch ist. Ob der Text ganz zu uns gekommen oder ob etwas herausgefallen sei, weiß ich nicht." Der Grund, warum Luther von den Stellen nichts wissen wollte, ist derselbe, aus welchem sein Meister, der heilige Augustinus, sie über Seite warf. Im übrigen wolle man die weitgehende Freiheit des Urteils beachten, zu welcher sich Luther in seinen besten Zeiten, im Jahre 1523, gegenüber Biblischen Schriften für berechtigt erachtete.

Es müssen übrigens hier noch einige Worte angefügt werden über das Bemühen des Verfassers des Petrusbriefes, die große Wassersflut zu Noah's Zeit als ein von Gott aufgestelltes Vorbild für die spätere christliche Taufe auszugeben.

---

[1]) Luthers Werke, Walch 9, 786—793. Krit. Gesamtausg. 12, 367 bis 371 und 375. 1891.

Zunächst erhält der Leser den Eindruck eines Widersinns; denn Noah ist nicht durch das Wasser sondern durch den Schiffs-Kasten gerettet worden; und bei der Taufe rettet auch das Wasser jedenfalls nicht allein, sondern, wie es 4,6 heißt: „des guten Gewissens Anfrage bei Gott durch die Auferstehung Jesu Christi." Will man mit Gewalt einen einigermaßen vernünftigen Sinn in die Stelle bringen, so könnte es etwa folgender sein: so wie das Wasser zu Noah's Zeiten die Ungehorsamen vernichtet hat, so vernichtet es als Taufe eure Sünden, und errettet euch damit.[1])

Im Bistum Brandenburg, zu welchem Wittenberg gehörte, war zu Anfang des 16. Jahrhunderts ein langes lateinisches Formular für die Taufe im Gebrauch, welches Luther im Jahr 1523 ins Deutsche übersetzte und als „Tauf-Büchlein" drucken ließ. In diesem katholischen Formular, welches Luther und seine Anhänger bis 1526 unverändert anwendeten, findet sich folgendes Gebet:[2])

„Allmächtiger, ewiger Gott, der du hast durch die Sind-flut, nach deinem gestrengen Gericht, die ungläubige Welt verdammt und den gläubigen Noah selb acht, nach deiner großen Barmherzigkeit erhalten; und den verstockten Pharao mit allen Seinen im roten Meer ersäuft und dein Volk Israel trocken hindurch geführt, damit bis Bad deiner heiligen Taufe zukünftig bezeichnet, und durch die Taufe deines lieben Kindes, unsers Herrn Jesu Christi den Jordan und alle Wasser zur seligen Sindflut und reichlicher Abwaschung der Sünden geheiliget und eingesetzt: — Wir bitten durch die selbe deine grundlose Barmherzigkeit, du wollest diesen N. gnädiglich ansehen und mit rechtem Glauben im Geist beseligen, daß durch diese heilsame Sindflut an ihm ersaufe und untergehe alles was ihm von Adam angeboren ist und er selbst dazu-

---

[1]) Aehnlich erklärte auch Luther im Jahre 1529. (Werke bei Walch 9,790.) Holtzmann versucht eine andere Auslegung: „Das Wasser bei der Taufe entscheidet wie die große Flut das Los der Gerechten im Gegensatz zu dem der Ungerechten"; allein damit ist auf jede Rücksichtnahme auf den Wortlaut verzichtet.

[2]) Luthers Werke. Krit. Gesamt-Ausgabe. 12, 43—44. 1891.

gethan hat; und er aus der Ungläubigen Zahl gesondert, in der heiligen Arca [Arche, Schiff] der Christenheit trocken und sicher behalten, allzeit brünstig im Geist, fröhlich in Hoffnung, beinem Namen diene" u. s. w.

Dieses Gebet hat auch Zwingli alsbald 1523 in sein „Taufbüchlein" übernommen.

Der Satz, daß die Sindflut, d. h. die große Überschwemmung, woraus der Unverstand neuerer Zeiten eine „Sündflut" gemacht hat, das Vorbild der christlichen Taufe gewesen sein soll, kommt uns Kindern des 19. Jahrhunderts nicht bloß widersinnig sondern auch lächerlich vor, seitdem längst feststeht, daß die Sage von der Wasserflut und Noah unter anderem Namen auch vielen anderen alten Völkern bekannt gewesen ist[1]), besonders aber seitdem in den Keilschriften Assyriens das Original des Gedichtes gefunden worden ist, aus welchem der Verfasser des ersten Buchs Mosis nur einen abgeschwächten Auszug mitteilt. Freilich hat man bis jetzt unsere protestantischen Bürger und Bauern von diesem schönen hochpoetischen Gedicht, welches viele Jahrhunderte älter ist als die Zeit Mosis, noch Nichts wissen lassen.

Anhang II.

Die Gemeinschaft der Heiligen nach der gefälschten Schrift des Dionysius Areopagita „von der kirchlichen Hierarchie".
Vgl. oben S. 29—30.

In Kap. 3, Abth. 1 und 2 der genannten Schrift (Uebersetzung von J. G. V. Engelhardt, 1823 Bd. 2, S. 79—81) heißen lediglich diejenigen „Heilige" (ἱεροί), welche „die heiligen Weihen" empfangen haben; diese stehen in „göttlicher" Höhe über den andern Christen, haben auch bei ihrem Tod eine andere, herrlichere Auferstehung und im Himmel einen besonderen

---

[1]) Buttmann, Phil., Ueber den Mythos der Sündfluht. 2. verbesserte Ausgabe. Berlin 1819.

Vorrang ähnlich den Engeln. Besonders ist zu beachten, was von dem Sakrament der Eucharistie (des Abendmahls) gesagt wird. Es sei „die heilige Weihe der Gottgeburt"; es erteile die „Erleuchtung", es verknüpfe und verbinde zu einer Gemeinschaft in Gott; es werde daher auch vor allen andern Weihungen und allein „Gemeinschaft", κοινωνία, communio und „Zusammenführung", σύναξις, genannt. Nachdem Dionysius dies vorausgeschickt, schildert er unter der Ueberschrift: „das Geheimnis der Zusammenführung oder Gemeinschaft" den Vorgang bei dem Sakrament der Eucharistie in folgenden Worten:

„Wenn der Oberheilige[1]) das heilige Gebet am göttlichen Altare verrichtet hat, so beginnt er vom Altare die Räucherung und durchgeht den ganzen Umkreis des heiligen Chores, kehrt dann wieder zum göttlichen Altare zurück, und fängt den heiligen Gesang der Psalmen an, in welchen heiligen Psalm=Gesang die ganze kirchliche Ordnung[2]) miteinstimmt. Hierauf wird in der Ordnung durch die Gemeinde=Diener[3]) die Vorlesung der heiligen Bücher vorgenommen und darauf verlassen die Schüler[4]) den heiligen Kreis, und mit ihnen die vom Teufel Besessenen[5]) und die Büßenden, es bleiben aber diejenigen, welche der Anschauung und des Genusses des Göttlichen wert sind. Von den

---

[1]) Im griechischen Text stehet ἱεράρχος und ἱερός, also „Oberheiliger"; Anführer der Heiligen, und „Heiliger"; bei den Griechen bedeutete ἱερός insbesondere auch den Götterpriester; in der deutschen Sprache haben wir für letzteren Begriff kein anderes Wort zur Verfügung als Priester, welches von πρεσβύτερ kommt und eigentlich „Aeltester" bedeutet. Engelhardt übersetzt ἱεράρχος gar nicht, sondern gibt es mit „Hierarche" wieder, ἱερός mit Priester, allein wir müssen notwendig beim allgemeinen Begriff von ἱερός stehen bleiben, um dem Sinn nicht vorzugreifen. — Die ganze Schilderung paßt so recht nur für eine große bischöfliche Kirche mit Priestern, Diakonen, Subdiakonen, Lektoren, Ostiarii u. s. w., und man ist daher geneigt unter dem Hierarchos den Bischof, unter den Hieroi die Priester zu verstehen, unter den „Auserwählten der Leiturgen" die Diakonen.

[2]) Der ganze Klerus? [3]) λειτουργοί, Liturgen, sind wörtlich Volks- oder Gemeinde=Diener, also hier solche, die beim Gemeindegottesdienst gewisse geringere Geschäfte besorgen. [4]) Katechumenen. [5]) Energumenen; hierunter sind, wie sich unten ergibt, besonders die Häretiker verstanden, welche „schamlos die heilige Weihe der Gotterzeugung leugnen."

Gemeindedienern stehen die Einen an den verschlossenen Thoren des Tempels, die Andern thun sonst Etwas, was ihrem Amt angehört. Die Auserwählten der Gemeinde-Dienerschaft aber legen mit den Heiligen das geweihte Brod auf den göttlichen Altar und stellen darauf den Kelch des Segens, nachdem vorher von der ganzen vollständigen Gemeinde der allgemeine Gesang angestimmt worden ist. Hierauf vollendet der göttliche Oberheilige das heilige Gebet und verkündiget allen den heiligen Frieden, und nachdem sich nun alle umarmt haben, wird die geheimnißvolle Vorlesung der heiligen Rollen[1]) vollendet. Der Oberheilige und die Heiligen waschen sich dann die Hände mit Wasser und der Oberheilige stellt sich in die Mitte des göttlichen Altares und um ihn stellen sich mit den Heiligen bloß die Auserwählten von den Gemeinde-Dienern. Und indem nun der Oberheilige die heiligen Gottwirkungen preiset, wirkt er auf heilige Weise das Göttlichste und stellt das Gepriesene vor Augen durch die auf heilige Weise vorgelegten Merkzeichen[2]). Und nachdem er die Gaben der Gottwirkungen gezeigt hat, naht er sich selbst zuerst ihrem Genuß und führt dann auch die andern dazu. Wenn er dann die göttliche **Gemeinschaft genossen und mitgeteilt hat** (!), endet er mit der heiligen Danksagung, und indem die Menge nur die göttlichen Merkzeichen gebückt betrachtet (!), wird er selbst durch den göttlichen Geist zu den heiligen Grundsätzen der Vollendung, in seligen und geistigen Anschauungen, auf oberheilige Weise, in der Reinheit des gottgestaltigen Zustandes aufgeführt."

In den hierauf folgenden Ausführungen werden die einzelnen Bestandteile der Feier näher auseinandergesetzt, insbesondere begründet, warum die Schüler, die vom Teufel Besessenen, die Büßenden, insbesondere diejenigen, „welche schamlos die heilige Weihe der Gotterzeugung leugnen" (!), derselben nicht anwohnen dürfen, sondern „durch die absondernde Stimme des Gemeinde-Dieners entfernt werden. (§ 7). Derselbe rief

---

[1]) Schrift-Rollen
[2]) Symbole.

nämlich, wie wir sonst erfahren, mit lauter Stimme aus: „plebs ober concio missa est", woher für die Feier der „heiligen Weihe der Gotterzeugung" der Namen Missa, Messe entstanden ist. Bei Dionysius heißt es dann noch an einer andern Stelle: „Die allheiligen Vollender der allheiligen Feier und die, welche ihre Anschauung lieben, schauen auf heilige Weise die heiligste Weihe, welche . . . die heilige Vergöttlichung der Eingeweihten wirkt"; „diesen Gesang nennen einige die Hymnologie, andere das Symbol des Gottesdienstes, andere aber, wie ich glaube, göttlicher, die oberheilige (hierarchische) Eucharistie".

Diese Schilderung erweckt fast die Vermutung, daß die römische Kirche im 5. oder 6. Jahrhundert daran gedacht habe, das Sakrament der Eucharistie lediglich für den Klerus vorzubehalten und die Ungeweihten, die Laien, ganz davon auszuschließen; in den meisten Anwendungsfällen bleibt es ja auch in der That auf den Kleriker beschränkt und vom Kelch sind die Laien seit dem 13. Jahrhundert ausgeschlossen worden.

Daß Erasmus einen Zusammenhang der communio sanctorum mit der gefälschten Schrift des Dionysius für möglich gehalten hat, läßt sich daraus schließen, daß er in seinem Katechismus (Catech. V) für diese communio den Ausdruck σύναξις anführt, der gerade von Dionysius gebraucht wird.

Anmerkungen.

¹) Seite 7. Nach Pitra, J. B. (Cardinalis) Juris ecclesiastici Graecorum historia et monumenta. 1, 422 ff. 1864 lautet der Urtext:

Σύμβολον τῆς αὐτῆς ἐν Νικαία συνόδου. Πιστεύομεν εἰς ἕνα Θεὸν πατέρα παντοκράτορα, πάντων ὁρατῶν τε καὶ ἀοράτων ποιητήν. Καὶ εἰς ἕνα Κύριον Ἰησοῦν Χριστὸν, τὸν Υἱὸν τοῦ Θεοῦ, γεννηθέντα ἐκ τοῦ Πατρὸς, μονογενῆ, τουτέστιν ἐκ τῆς οὐσίας τοῦ Πατρὸς, Θεὸν ἐκ Θεοῦ, φῶς ἐκ φωτὸς, Θεὸν ἀληθινὸν ἐκ Θεοῦ ἀληθινοῦ, γεννηθέντα, οὐ ποιηθέντα, ὁμοούσιον τῷ Πατρί, δι᾽ οὗ τὰ πάντα ἐγένετο, τά τε ἐν τῷ οὐρανῷ καὶ τὰ ἐπὶ τῆς γῆς · τὸν δι᾽ ἡμᾶς τοὺς ἀνθρώπους καὶ διὰ τὴν ἡμετέραν σωτηρίαν κατελθόντα, καὶ σαρκωθέντα καὶ ἐνανθρωπήσαντα, παθόντα, καὶ ἀναστάντα τῇ τρίτῃ ἡμέρα, καὶ ἀνελθόντα εἰς τοὺς οὐρανοὺς, καὶ ἐν δεξιᾷ τοῦ Πατρός καθήμενον, καὶ ἐρχόμενον πάλιν κρῖναι ζῶντας καὶ νεκρούς. Καὶ εἰς τὸ Πνεῦμα τὸ Ἅγιον.

Das Alter und die sonstige Beschaffenheit der Handschriften läßt sich aus der Ausgabe von Pitra nicht sicher erkennen. Eine lateinische Uebersetzung nach alter Handschrift lautet nach Pitra 1, 436 folgendermaßen:

Credimus in unum Deum, Patrem omnipotentem, omnium visibilium et invisibilium factorem; et in unum Dominum Jesum Christum, natum ex Patre, unigenitum, hoc est ex substantia Patris, Deum verum de Deo vero, natum non factum, homoousion, hoc est eiusdem cum Patris substantia, per quem omnia facta sunt quae in coelo et quae in terra; qui propter nos homines et propter nostram salutem descendit, et incarnatus est, et homo factus, passus est, et resurrexit tertia die, ascendit in coelum, unde venturus est iudicare vivos et mortuos; et in Spiritum Sanctum.

Ueber die Handschriften der Nicänischen Beschlüsse vgl. Maaßen, J., Gesch. b. Quellen b. kanon. Rechts 1, 8—50 1870/71; sie gehören dem 8.—11. Jahrh. an, eine vielleicht dem 6. Jahrh. Maaßen teilt S. 904—929 den Wortlaut der canones nach mehreren Handschriften mit; dieselben geben alle das Symbolum nicht (!). Wollte man es in Vergessenheit bringen?

²) Seite 11. Das Konzil bemerkte, daß sich besonders viele Häretiker in der Landschaft Galatien (in Galatarum regione) befänden, also in einer Landschaft, welche von Galatern oder Germanen bewohnt war (!). Pitra 1, 512.

³) Seite 12. Pitra 1, 512 giebt die Einschiebsel in das Nicänische Bekenntnis nicht (!), sondern nur den neu hinzugefügten Schlußsatz und zwar in folgendem Wortlaut:

Καὶ εἰς τὸ Πνεῦμα τὸ ἅγιον, τὸ Κύριον, τὸ ζωοποιὸν, τὸ εκ τοῦ Πατρὸς ἐκπορευόμενον, τὸ σὺν Πατρὶ καὶ Υἱῷ συμπροσκυνούμενον καὶ συνδοξαζόμενον, τὸ λαλῆσαν διὰ τῶν προφητῶν. Εἰς μίαν, ἁγίαν καθολικὴν καὶ ἀποστολικὴν ἐκκλησίαν. Ὁμολογοῦμεν ἓν βάπτισμα εἰς ἄφεσιν ἁμαρτιῶν. Προσδοκῶμεν ἀνάστασιν νεκρῶν, καὶ ζωὴν τοῦ μέλλοντος αἰῶνος. Ἀμήν.

Die alten lateinischen Uebersetzungen geben ziemlich übereinstimmend folgenden Wortlaut:

Credo in unum Deum Patrem omnipotentem, factorem caeli et terrae, visibilium omnium et invisibilium. Et in unum Dominum Jesum Christum, Filium Dei unigenitum et ex Patre natum ante omnia saecula; Deum de Deo, lumen de lumine, Deum verum de Deo vero; genitum non factum, consubstantialem Patri, per quem omnia facta sunt: qui propter nos homines, et propter nostram salutem descendit de caelis, et incarnatus est de Spiritu sancto ex Maria virgine, et homo factus est: crucifixus etiam pro nobis sub Pontio Pilato, passus, et sepultus est: et resurrexit tertia die secundum scripturas, et ascendit in caelum, sedet ad dexteram Patris, et iterum venturus est cum gloria iudicare vivos et mortuos; cuius regni non erit finis.

Et in Spiritum sanctum, Dominum et vivificantem, qui ex Patre [Filioque]*) procedit; qui cum Patre et Filio simul adoratur et conglorificatur; qui locutus est per prophetas.

Et unam sanctam catholicam et apostolicam ecclesiam. Confiteor unum baptisma in remissionem peccatorum; et exspecto resurrectionem mortuorum et vitam venturi saeculi. Amen.

⁴) Seite 13. Filius unigenitus, μονογενής, hat nur das Evangelium Johannes 1, 14 und 18 und 3,16; der Brief an die Hebräer 1,6 dagegen den Ausdruck primogenitus, πρωτότοκος.

⁵) Seite 17. Vossius, Gerh. J., Diss. de tribus symbolis. Amsterd. 1662 S. 68.

⁶) Seite 18. Im Missale Romanum steht es gleich zu Anfang des Abschnittes „Ordo Missae".

⁷) Seite 18. Martene, Edm., De antiquis ecclesiae ritibus. Antw. 1763. 2,202.

⁸) Seite 19. Der Wortlaut in Lateinisch, welches beachtenswerter Weise der Urtext ist, hat folgende Gestalt:
Credo in Deum Patrem omnipotentem, creatorem coeli et terrae, et in Jesum Christum, Filium ejus unicum, Dominum nostrum, qui conceptus est de Spiritu Sancto, natus ex Maria Virgine, passus sub Pontio Pilato, crucifixus, mortuus et sepultus, descendit ad inferos, tertia die resurrexit a mortuis, ascendit ad coelos, sedet ad dexteram Dei Patris omnipotentis, inde venturus est judicare vivos et mortuos. Credo in Spiritum Sanctum. Credo sanctam ecclesiam catholicam, sanctorum communionem, remissionem peccatorum, carnis resurrectionem, vitam aeternam.

⁹) S. 21. Loening, Edgar, Gesch. des deutschen Kirchenrechts 1,459—463, 1878.

¹⁰) S. 21. Loening, 1,486—487.

---

*) Späterer Zusatz; vgl. oben S. 87.

¹¹) S. 21. Das steht auch in den gefälschten Dekretalen des 9. Jahrhunderts und ist von Papst Paschalis II. im Jahre 1102 wiederholt, und diese Entscheidung von Papst Gregor IX. in seine Dekretalen-Sammlung von 1234, 1,6, Cap. 4 aufgenommen worden.

¹²) S. 22. Die genauen Nachweise bei: Funk, Frz. Xav., Die Apostol. Konstitutionen 1891, S. 182—188 und namentlich auch S. 202.

¹³) S. 23. Die Titanen, welche sich gegen Zeus aufgelehnt hatten, wurden in den Tartaros verbannt, eine dunkle Höhle in unendlicher Tiefe unter dem Hades.

¹⁴) S. 31. Vgl. Schroeckh, Christ. Kirchengesch. 3,408, 1772 und Erasmus, über das sog. apost. Bekenntnis. Catechesis 5.

¹⁵) S. 32. Pitra 2,17—18.

¹⁶) S. 33. Isidorus, Originum sive Etymologiarum libri XX. Liber 6, cap. 16.

¹⁷) S. 34. Decretum, P. 1. Dist. 15, c. 1: Sub hoc etiam sancti Patres in Concilio Nicaeno de omni orbe terrarum convenientes, juxta fidem Evangelicam et Apostolicam, secundum post Apostolos Symbolum tradiderunt. Es sind die Worte: „juxta fidem Evangelicam et Apostolicam" eingeschoben, und secundo in secundum verändert. Die gedruckten Ausgaben des Isidorus geben alle die Lesart des Decretum: Reutlingen 1472. Venedig 1483. Basel 1489. Paris 1509. Paris 1601. Madrid 1778. Eine nach wissenschaftlichen Grundsätzen gearbeitete Ausgabe fehlt bis jetzt; nach Gustav Haenel, Catalogi librorum manuscr. 1830 kennt man viele Handschriften, von welchen einige über das 10. Jahrhundert hinaufreichen, sie sind aber noch nicht benutzt.

¹⁸) S. 35. Valla erzählt selbst den ganzen Hergang und das Verhör vor der Inquisition in seiner Schrift: Antidoti in Pogium, ad Nicolaum V. Pontificem Maximum, Liber 4. Opera, Basileae 1543, pag. 357—364. Vor diesem Papst Nikolaus V., einem Humanisten, (1447—1555) rückt Valla ganz offen mit der Sprache heraus; gegenüber dessen Vorgänger Eugen IV.

(† 1447) hatte er von seinen Aufstellungen nur soviel festgehalten, daß Isiborus das Nicänische Konzil als das zweite nach den Aposteln bezeichne, aber aus Klugheit zugegeben, daß auf diesem ersten apostolischen Konzil die Apostel Petrus und Jakobus die Formel des Bekenntnisses empfangen hätten, deren das Decretum Gratiani gedenke. Ein sehr unbestimmter Ausdruck! Laur. Vallae pro se et contra calumniatores ad Eugenium IV Pont. Max. apologia. Opera, Basileae 1543, pag. 795—801. Apud Hesiodorum igitur legimus: In concilio Niceno, post apostolos secundo, hoc est, quod fuit secundum ab illo vero apostolico concilio, in quo Petrus et Jacobus decreti formulam acceperunt, trecenti decem et octo patres Symbolum tradiderunt, cui nonnihil additum est in concilio Constantinopolitano.

[19]) S. 35. Abgedruckt bei Pitra, Jo. B., Juris eccl. Graecorum Hist et Mon. 1, 88—95. 1864.

[20]) S. 36. Ich hatte meine Begründung einige Wochen vorher niedergeschrieben, ehe ich die von Balla selbst gegebene auffand; letztere glaube ich wegen ihrer großen Wichtigkeit wörtlich hier mitteilen zu sollen. Es ist seine Antwort an die Inquisitoren zu Neapel:

Ego, ut iam inde, inquam, a Luca incipiamus, quomodo fieri posset, ut tantam rem ille Apostolorum Actibus non mandarit? qua nescio an ulla dignior quae literis mandaretur: cuius nec locum, nec tempus, nec modum, nec ordinem tradunt, qui ab apostolis factam esse affirmant. Quod si ab apostolis symbolum factum esset, non dicam qua ratione Arrius errasset, sed quid controuersiae, quid negotii fuisset? quid opus Niceno concilio ad eum condemnandum? imo quid opus alio symbolo? Si enim constabat de symbolo Apostolico, quid attinebat nouum condere? Si non constabat, quo audeat dicere, singulos eius articulos singulorum fuisse apostolorum? Adde quod Nicena synodus symbolum condidit ad illum usque locum: cuius regni non erit finis. Ergo illud Apostolicum, in quo de spiritu quoque sancto commemorabatur, decurtauerunt. At postea adiecerunt in Constantinopolitana synodo, certe ideo adiecerunt, quia antea in nullo fuerat symbolo, quia in spiritu sancto Macedonius delinquabat, qui profecto non errasset, ut reor, si Apostoli perfectum symbolum reliquissent: ausim dicere, pene maioris quam Evangelia autoritatis futurum: quod Evangelia singulorum essent, symbolum vero totius Apostolici senatus. Adeo ne inter Latinos Grecosque unquam de spiritu sancto schisma extitisset, nec Symbolum Nicenum tantopere sed Apostolicum nominatum fuisset.

²¹) S. 36. Buschbell, Gottfried. Die professiones fidei der Päpste. (Inaug. Diss.) (Sonderabbruck aus der Römischen Quartalschrift für christl. Altertumskunde u. f. Kirchengeschichte 10. 1896.) S. 34 und 81. Wenn im Liber diurnus, welcher in Handschriften aus dem 9. Jahrhundert vorliegt, weiter die Worte beigefügt sind: „und was sie als Synode oder sonst beschlossen haben zu bestätigen", so ist das ein neuer Zusatz, der in noch schüchterner Form ausdrücken will, daß die Beschlüsse der allgemeinen Konzilien einer Bestätigung durch die Päpste bedürften, dessen spätere Zufügung daraus klar erhellte daß er zum Vorausgehenden herzlich schlecht paßt.

²²) S. 40. Eine Sammlung vieler dieser Stücke gibt Hahn, Aug., Bibliothek der Symbole und Glaubensregeln der alten Kirche (!). 2. Aufl. Hrsgg. v. Ludwig Hahn 1877.

²³) S. 42. Schroeckh, Johann Matth., Christl. Kirchengeschichte 3,196, 1772. Die Ausführungen, welche Schroeckh in vielen verschiedenen Bänden seines großartigen Werkes gibt, gehören meinem Urteile nach bis auf diesen Tag zum Besten, was über die ganze Frage vorgebracht worden ist.

²⁴) S. 50. Guidonis (De Gui) Bernardus, Practica inquis. haereticae pravitatis publ. par C. Douais. Paris 1886 S. 249. „nec aliquid reputant salutationem beate Marie „Ave Mariae" nec symbolum apostolorum „Credo in Deum", quia dicunt illa per Romanam Ecclesiam et non per Christum fuisse ordinata seu composita; verum tamen articulos fidei septem de divinitate et septem de humanitate et decem

praecepta dechalogi et septem opera misericordiae sub quodam compendio et sub quodam modo ab eis ordinato et composito, dicunt et docent, et in illo plurimum gloriantur et statim offerunt se promptos ad respondendum de fide sua. Possunt autem tunc cito hoc modo capi: Dicas mihi symbolum fidei, scilicet „Credo in Deum", sicut dicit Ecclesia catholica, quia ibi sunt omnes articuli, et tunc ipsi respondent: Nescio, quia nullus me docuit ita.

²⁵) S. 50. Keller, L., Die Waldenser 1886. S. 74. Weitere Beweise bei Keller, L., Johann v. Staupitz 1888. S. 100. Anmerkung.

²⁶) S. 50. Summa de Catharis et Leonistis (um 1250?) Maxima Biblioth. Patrum 25, 262. Keller, L., Die Ref. 5.

²⁷) S. 50. Trialogus, Ausgabe von Lechler 1869. Liber 4, cap. 11 Supplementum cap. 3. S. 282 und 417; ferner Liber 1, cap. 6 und 7, S. 54 61.

²⁸) S. 51. Vgl. Hierüber Thubichum, F., in den Monatsheften der Comenius-Gesellschaft 5, 44—62. Januar-Februar 1896.

²⁹) S. 52. Es ist der Abschnitt aus Vallas Antidoti in Pogium (Opera 1543 pag. 357—364) mit dem Titel: Calumnia theologica, Laurentio Vallae olim Neapoli intentata, quod negasset, Symbolum membratim articulatimque per Apostolos esse compositum, ipso Laurentio Valla auctore. Argentorati ap. H. Morhard 1522. 4⁰.

³⁰) S. 53. Keller, L., Joh. v. Staupitz 1888. S. 351.

³¹) S. 53. Katechismen von 1503, 1522, 1531. Vgl. Müller, Jos., Die deutschen Katechismen der Böhmischen Brüder, herausgegeben in Monum. German. paedag. 4. 1887. Seite 12, 72, 167, 194, 252.

Der Katechismus in romanischer Sprache, welcher in einer Handschrift aus der Mitte des 16. Jahrh. in Dublin aufbewahrt wird, enthält Folgendes: Frage 11: „Welches Glaubens bist du?" Antwort: „Des wahren katholischen und apostolischen Glaubens." Frage: „Welcher das ist"? Antwort: „Es ist derjenige, welcher auf dem Conzile der Apostel in 12 Artikel getheilt worden ist." Frage: „Welcher ist das"? Antwort: „Ich glaube an Gott den Vater, allmächtigen ɼc." Vgl v. Zezschwitz, Die Katechismen der Waldenser 1863. Die Meinung, daß dieser Katechismus viel älter sei als die Mitte des 16. Jahrhunderts hat keinerlei Grund.

[32]) S. 57. Credo et scio — — — esse patrem, filium et spiritum sanctum persones quidem tres, sed essentiam horum unam ac simplicem. Et omnino iuxta expositionem simboli tam Niceni quam Athanasici per singula de numine ipso deque nominibus, siue personis tribus sentio."

[33]) S. 58. Erasmus, Des., Dilucida et pia explanatio symboli quod apostolorum dicitur et decalogi praeceptorum 1532. Im Jahre 1533 erschienen weitere fünf Auflagen, im Jahre 1534 drei, 1540 eine, 1641 zu Löwen eine, letztere unter dem Titel „Explicatio in Symbolum Apostolorum et Decalogum". Ein Abdruck auch in Erasmi Opera. Basil. 1540. 5, 945 bis 997.

[34]) S. 60. Luther an Amsdorf 1534. Walch 18, 2505—2526. Desgleichen in den Tischgesprächen im Jahre 1536.

[35]) S. 61. Luthers Schriften (Walch) 10, 1198—1230. 1744.

[36]) S. 65. Keller, L., Joh. v. Staupitz. 1888 S. 350—352.

[37]) S. 66. Desiderii Erasmi Roterodami Explicatio in Symbolum Apostolorum et Decalogum. Lugduni Batavorum 1641. — Erasmus selbst hatte seiner Schrift offen den Titel gegeben: Dilucida et pia explanatio symboli quod apostolorum dicitur.

[38]) S. 66. Vossius, Gerhard Johann, Dissertationes tres de tribus symbolis, apostolico, athanasiano et Constantinopolitano. Amstel. 1662. 4°.

³⁹) S. 66 Namentlich gilt dies von dem Niederländer Hermann Witsius (Wits), Professor in Utrecht, 1698—1708 in Leiden, Exercitationes sacrae in symbolum, quod apostolorum dicitur; et in orationem dominicam. ed. 3. Amstelodami 1697. Wits erfuhr übrigens darum eine Anklage durch die orthodoxen Calvinisten.

⁴⁰) S. 67. Schroeckh I. Ausg. 1768—1812; II. Ausg. der Teile 1—13. 1772—1802. Teil 2, S. 123—127 (1775); vgl. auch Tl. 10, 128; Tl. 12, 141. Tl. 30, 202.